Para visualizar el libro electrónico en la nube de lectura envíe junto a su nombre y apellidos una fotografía del código de barras situado en la contraportada del libro y otra del ticket de compra a la dirección:

ebooktirant@tirant.com

En un máximo de 72 horas laborales le enviaremos el código de acceso con sus instrucciones.

La visualización del libro en **NUBE DE LECTURA** excluye los usos bibliotecarios y públicos que puedan poner el archivo electrónico a disposición de una comunidad de lectores. Se permite tan solo un uso individual y privado

AFECTO Y NEUTRALIDAD EN LA MEDIACIÓN

AFECTO Y NEUTRALIDAD EN LA MEDIACIÓN

KARLA SÁENZ
FRANCISCO JOEL GORJÓN SÁENZ
ELSA ZURITA
ADRIANO MOURA DA FONSECA PINTO

tirant lo blanch
Ciudad de México, 2024

En caso de erratas y actualizaciones, la Editorial Tirant lo Blanch México publicará la pertinente corrección en la página web www.tirant.com/mex/

Este libro será publicado y distribuido internacionalmente en todos los países donde la Editorial Tirant lo Blanch esté presente.

Director de la colección:
FRANCISCO JAVIER GORJÓN GÓMEZ

© EDITA: TIRANT LO BLANCH
DISTRIBUYE: TIRANT LO BLANCH MÉXICO
Av. Tamaulipas 150, Oficina 502
Hipódromo, Cuauhtémoc, 06100 Ciudad de México
Telf: +52 1 55 65502317
infomex@tirant.com
www.tirant.com/mex/
www.tirant.es
ISBN: 978-84-1056-212-7
MAQUETA: Tink Factoría de Color

Si tiene alguna queja o sugerencia, envíenos un mail a: atencioncliente@tirant.com. En caso de no ser atendida su sugerencia, por favor, lea en *www.tirant.net/index.php/empresa/politicas-de-empresa* nuestro procedimiento de quejas.

Responsabilidad Social Corporativa: http://www.tirant.net/Docs/RSCTirant.pdf

Dedicado a todas las personas que nos han manifestado afecto
y a las que desde la neutralidad nos han ayudado
a contenernos en los días difíciles.

Índice

Introducción

Las relaciones humanas se construyen de vínculos afectivos que son acumulativos mediante diversas expresiones como son los gestos, palabras acciones e intenciones, sin embargo, el afecto se ve deteriorado por el conflicto, debido a la crisis que crea en la relación. La mediación promueve la solución de los conflictos de forma humana, ayudando a los intervinientes a manejar la proyección de sus emociones y comportamientos. Ayudando a que sus emociones vayan transitando por la escala del afecto, del lado de valencia negativa a la valencia positiva (Sáenz Karla, 2020).

Las personas creamos vínculos con otras personas mediante los lazos afectivos. Que se construyen debido a una inclinación hacia la persona. A través del aprecio porque se siente una simpatía que lleva a la persona a demostrarlo de diferentes formas como son los gestos, ademanes, palabras o acciones.

Estas acciones construyen los lazos afectivos que van formando las relaciones humanas, estableciendo un vínculo único para cada relación y es cambiante según la situación que se está viviendo.

Sin embargo, los conflictos son parte de la naturaleza de la convivencia humana y en ocasiones se complica su gestión y las personas entran a dinámicas que ya no pueden manejar por sí mismas y la relación puede dañarse. Es en estos casos en que la mediación es una estrategia para la solución de conflictos que puede ayudar a restaurar la relación en diferentes niveles.

Ayudando a la reconstrucción del lazo afectivo debido a que se recuperan procesos de comunicación, asistidos por el mediador, y pueden expresar sus posturas y posiciones, escuchar activamente al otro, comprender sus decisiones o conductas, y disminuir la tensión creada por el conflicto.

Este proceso de reconstrucción del vínculo afectivo favorece no solo a los intervinientes sino a terceros afectados, como puede ser familia, amigos, relaciones laborales y sociedad en general. El beneficio socialmente es exponencial.

La forma en la que una persona con afectos saludables extiende estas emociones de plenitud y armonía es explicado por (Hill, 2020) cuando nos menciona la sincronía como una resonancia afectiva compartida que amplifica la experiencia positiva subjetiva hacia las demás personas.

El papel del mediador en la solución de los conflictos es importante porque provee al proceso de una neutralidad que permite a las partes tener el ambiente propicio para poder expresar sus emociones y mostrar sus necesidades. generando confianza en la mediación.

Capítulo 1
El afecto en la vida cotidiana de las personas

1.1. ¿QUÉ ES EL AFECTO?

Es muy común que confundamos el afecto con una emoción, por lo que es importante explicar que una emoción es una respuesta orgánica individual interna que tiene relación con los estímulos externos con la probabilidad supervivencia en cada momento que vivimos, y nos permite adaptarnos ante una situación, persona u objeto, mientras que el afecto es una forma de interacción entre personas o animales. Entonces lo primero es entender que el afecto no es emoción.

También decimos que damos afecto o recibimos afecto, pero en realidad no es algo que se dé, más bien, es algo que se experimenta. Las emociones no pueden almacenarse, solo pueden sentirse, y son más intensas y cortas que los sentimientos. Sin embargo, el afecto, si puede acumularse, puede crearnos un banco de afecto que esté disponible para esa relación o para ser usado con otras.

Es un aspecto importante al entender la relación humana, porque el afecto entonces no es emoción y tampoco es sentimiento, tiene la característica de ser acumulativo y es previo a su expresión.

Es decir que una expresión de afecto no es afecto, es solo una forma de experimentarlo. Esto hace que podamos comprender qué, es eso que hace a una persona tener inclinación hacia otra, eso intrínseco no expresado que provoca o motiva una relación.

El afecto se puede expresar en forma de un gesto, una caricia, unas palabras, o en intenciones, pero la forma más fuerte de hacerlo es mediante acciones, que necesitan tiempo y voluntad.

Las acciones que hacemos para otros para manifestar nuestro afecto tienen diversas cualidades, como que, aunque conllevan la idea de que se requiere un esfuerzo, éste no se siente porque el efecto suaviza la sensación de cansancio. Por ejemplo, un esposo puede estar cansado de un día de trabajo, pero puede ayudar a mover algo pesado que necesita su esposa y la ayuda, sin decir nada, solo se acerca y lo hace. Ahí sería lógico decir no lo hago porque ya estoy muy cansado, pero el esfuerzo no se siente, aunque sí lo sea, porque el lazo afectivo impulsa a la acción de expresión del afecto.

El afecto es recibido como un flujo de entrada y salida, es decir, una persona A recibe el afecto de B, y después A muestra afecto a B en reciprocidad, creando un flujo de lazos afectivos que sostienen la relación.

Sin embargo, cuando lo expresamos, lo hacemos mediante emociones que nos produce el afecto, como puede ser la alegría, la felicidad o seguridad. Aquí es donde lo confundimos con emoción o sentimiento, pero es solo la forma que tenemos para expresar lo que nos hace sentir el afecto como estímulo externo.

Una vez establecido el lazo afectivo, y con la confianza de la solidez del lazo, la persona puede tener la capacidad de irradiar el afecto a los demás. Creando nuevos lazos afectivos con las personas nuevas o del entorno.

Cuando las emociones que crean el lazo son de valencia positiva, se le conoce como afecto positivo, pero cuando es de valencia negativa se le denomina afecto negativo. (Padróz Blázquez et al., 2012). El afecto positivo y negativo son dos tipos de afecto y solo se experimenta en una escala desde la mínima manifestación hasta la máxima.

Es común que se piense que el afecto es netamente de naturaleza positiva, pero podemos encontrar ausencia de afecto en algunas relaciones y ese espacio es ocupado por otras emociones.

Existen estudios que muestran cómo el afecto se puede entender también como una memoria o registro de la experiencia, con un significado específico, al que se tiene acceso, y como son acumulativos, dan significado a los estímulos actuales y futuros (Poznansky, 2022).

Podemos ver el afecto también desde la perspectiva de (Ciompi, 2007) que propone su análisis desde la lógica afectiva, en donde en su quinta tesis propone que los afectos son motores o organizadores esenciales de la evolución social. Y tiene sentido si pensamos que el afecto pone en marcha la fuerza de las emociones y los sentimientos, por tanto, de la vida social y las interacciones.

El afecto tiene otra cualidad de ser transferible, es decir, que una persona puede proporcionar suficiente afecto para sí mismo y su vínculo, y puede crear un excedente que puede ser usado para otra relación. Por ejemplo, una madre muy agotada por tener niños pequeños que demandan de ella mucha atención y horas de observación y seguimiento puede tener suficiente afecto proporcionado por su pareja para tener disponible para sus hijos, cuando el afecto que le dan sus hijos no sea suficiente.

Esta es una cualidad compensadora del afecto que permite tener equilibrios en las relaciones.

El afecto en comunidad puede ser manifestado a través de la colaboración con grupos que nos necesitan. Entendiendo en una cosmovisión particular, cuál es su papel en la dinámica colectiva. Es realizar algo que conlleva un esfuerzo en favor de los demás.

El bienestar colectivo requiere de una participación de todos en lo que une a la comunidad. Y puede ser expresada en pequeña escala y tener el mismo impacto que si lo hacemos a gran escala. Hacer cualquier acto en beneficio de los demás puede ser considerado una actividad de manifestación del afecto a la comunidad.

Lavar los platos en casa, sacar la basura es tan importante para la familia como sería apoyar a Greenpeace en una campaña mundial de apoyo a las ballenas. Todos los esfuerzos y todas las actividades en favor de otros suman y cuentan, siendo de alto valor afectivo.

El afecto en sociedad puede expresarse como colaboración, porque es la forma en que se ayuda a otros para lograr sus objetivos. Esta visión del afecto colectivo implica que la persona tiene un afecto por las personas de su comunidad, sintiéndose como un elemento integrado, creando una idea de unicidad, de pertenencia.

Esta percepción incluye saberes como el de que, al formar parte de una comunidad, lo que se haga o deje de hacer, impacta en los demás. Y existiendo un deseo de bienestar para comunidad, creando la base necesaria para la manifestación posterior de dicho afecto, que puede ser mediante ayuda comunitaria en cualquier nivel, por ejemplo, en asociaciones benéficas, en ong`s, en grupos de iglesias, colegios o cualquier actividad que implique una repercusión para otros miembros de la comunidad.

De forma indirecta, cuando se resuelve un conflicto comunitario con personas con quién existe un lazo, como es el caso de vecinos, la resolución pacífica restaura el lazo de vecinos y la comunicación y con ello el resto de la comunidad se beneficia en diferentes niveles.

Actualmente se considera la colaboración y no la competencia el motor de las dinámicas sociales de supervivencia. Por ello, la importancia de desarrollar la virtud de la colaboración en todos los niveles, en casa, en el trabajo, con amigos y en todo momento porque eso va creando una cultura de la colaboración que generen dinámicas de cultura de paz que favorezcan el desarrollo de lazos afectivos comunitarios. Aumentando la sociabilidad positiva entre miembros de la comunidad.

1.2. MANIFESTACIONES DEL AFECTO

Si partimos que el afecto es la inclinación hacia una persona, entonces es el motivo para que la persona manifieste a la otra su interés y afecto, mediante una gran variedad de opciones, como pueden ser, con palabras, actitudes, gestos, acciones, gestos, entre otros.

Cada vínculo afectivo tiene manifestaciones de afecto aceptables debido a la naturaleza de la relación, pero podemos encontrar un patrón común del que nos habla (Sierra García, 2011) cuando expresa que sentirnos queridos y seguros es una necesidad primaria que conforma el vínculo afectivo. Es decir que en cada relación se encuentra la manera apropiada de expresar interés y eso crea sentimientos de ser queridos y estar seguros, lo que fortalece el vínculo afectivo.

Las personas necesitamos afecto para tener relaciones sanas y cordiales, pero también necesitamos saber que el afecto seguirá siendo abundante en el futuro. Porque una visión catastrófica de temer que el afecto recibido tenga un fin en el futuro establece un miedo que desequilibra la armonía de la relación.

Esto puede ser corregido si se activa la reciprocidad en el flujo del afecto. Estableciendo un patrón de confianza de que las acciones afectivas serán recibidas y hay señales de su recepción.

El miedo es un motivador de conductas, emociones y sentimientos negativos que crean una sensación de exacerbación de conflicto. Porque llevan a la persona a escenarios imaginarios catastróficos futuros aumentando el estrés y la respuesta de huida-lucha.

Sin embargo, cuando el miedo es reducido, aumenta la calma mental para percibir con mayor objetividad y entonces se abre la puerta a la reconstrucción del lazo afectivo. Existen estudios como el de (Sanin-Posada et al., 2019) demuestran la relación entre el optimismo y la percepción de bienestar a través del afecto, como un regulador de las emociones positivas.

Nos muestra (Clompi, 2007) que no solo existe afecto positivo cuando motiva a emociones positivas y afecto negativo cuando genera emociones negativas, sino que hay más afectos base que aún están en estudio, como son la curiosidad y el interés entre otros.

También podemos entender cómo la tecnología se incorpora al afecto, debido a que se puede manifestar de forma virtual, a través de mensajes, publicaciones en redes sociales, también señalando que has leído una publicación y que te gusta. Es una nuevo escenario de interacción social, que permite una sensación de realidad.

1.3. CUALIDADES DEL AFECTO

El afecto tiene cualidades que es importante comprender para poder trabajar en la gestión de los conflictos, como son:

- Unidireccional, bidireccional y multidireccional

  El afecto no solo va en una dirección, es decir no solo aumenta sino también disminuye conforme la relación vaya evolucionando, el afecto es cambiante y múltiple. El afecto circula en ambas direcciones de la relación. En ocasiones el afecto entre dos personas puede estar afectado por otra persona y tener entonces un flujo multidireccional.

- Desigual

  Se da cuando una persona siente afecto por otra, pero esa otra persona no siente lo mismo. Por ejemplo, una persona puede tener un enamoramiento no correspondido hacia otra, en la que siente un fuerte afecto pero la otra persona no siente lo mismo. O cuando una persona siente un afecto mucho mayor al de la otra parte creando una brecha afectiva.

- Natural

  Es el afecto que se da cuando dos personas sienten sentimientos mutuos de cariño, amistad o amor el uno hacia el otro. Es decir, ambos sienten afecto el uno por el otro. Este tipo de afecto es común en las relaciones románticas o de amistad.

- Múltiple

  Este tipo de afecto se da cuando hay múltiples personas involucradas en un grupo y todas sienten afecto el uno por el otro. Por ejemplo, en una familia, cada miembro puede sentir afecto por todos los demás miembros. O en un grupo de amigos, cada uno puede sentir afecto por los demás miembros del grupo.

- Especial

  El afecto especial es la experiencia emocional que una persona tiene hacia otra persona. Es decir, el sentimiento de cariño, amor, afecto o aprecio que alguien siente por una única persona. Este tipo de afecto es personal y se experimenta de manera exclusiva y singular para una persona específica. Es una preferencia clara por otra persona.

- Grupal

  Es el afecto que una persona experimenta por un grupo de personas, y es un afecto hacia el grupo y lo que el grupo representa, puede ser por ejemplo un grupo de colaboradores, una red de trabajo, un grupo de amigos o un grupo vecinal.

- Amorfo

  El afecto es amorfo dado a que no tiene una estructura o figura definida, siempre está en constante cambio y evolución negativa o positiva, cada relación basada en el afecto es diferente y única con diferentes funciones y características, a diferencia del amor romántico o la amistad, el afecto no implica necesariamente un compromiso o una relación definida entre dos personas.

  El afecto se puede manifestar de muchas maneras diferentes, como un abrazo, un gesto cariñoso, una sonrisa o simplemente estar presente para alguien. El afecto puede ser una emoción compleja que no se limita a una sola persona, sino que se extiende a varias personas y situaciones diferentes.

  Aunado a esto, el afecto cambia con el tiempo y las circunstancias. El afecto puede ser fuerte y poderoso, mientras que otras veces puede ser más sutil y difícil de detectar, la intensidad del afecto cambia según la nutrición negativa o positiva que se le dé a la relación.

- Cambiante

  El afecto tiene muchas variantes y está en constante evolución y expansión, puede iniciar como afecto positivo y puede terminar como afecto negativo dependiendo de cómo se nutre la relación en base al afecto.

  El cambio en el afecto es la capacidad de la persona en poder sentir diferentes emociones en diferentes momentos, pudiendo sentir una alta gama de sentimientos conforme el transcurso de la relación en lugar de mantenerse en un estado de ánimo constante.

- Relacional

  El afecto es relacional porque se desarrolla en el contexto de las relaciones personales e interpersonales entre dos o más individuos. El afecto no es algo que se experimenta de forma aislada, sino que se genera en la interacción con otras personas y depende de las emociones y sentimientos que surgen en esa interacción.

El afecto surge de la interacción entre las personas y es bidireccional significando que afecta de forma positiva o negativa tanto al que recibe como a quien lo da.

El afecto relacional es importante para el desarrollo emocional y social de las personas ya que influye en su autoestima, su capacidad de establecer relaciones sanas y su habilidad para manejar situaciones de diferentes características positivas o negativas.

- Polaridad

  El afecto se divide en dos categorías: positivo y negativo. El afecto positivo crea sentimientos de agrado, amor, cariño, felicidad, gratitud, satisfacción, entre otros. Es decir, son emociones que se asocian con experiencias agradables y que promueven la felicidad y el bienestar emocional.

  El efecto negativo crea sentimientos de disgusto, tristeza, ira, enojo, culpa, entre otros. Es decir, son emociones que se asocian con experiencias desagradables creando malestar emocional e incomodidad.

Funciones del afecto positivo:

Promueve el bienestar emocional: El afecto positivo crea y ayuda a formar emociones como la felicidad, la satisfacción y el amor, lo que puede mejorar nuestro estado de ánimo y promover el bienestar emocional.

Forma resiliencia: El afecto positivo ayuda afrontar mejor situaciones adversas o estresantes y fomentar la resiliencia emocional.

Mejora las relaciones interpersonales: El afecto positivo puede mejorar la calidad de nuestras relaciones interpersonales y aumentar la conexión emocional con los demás.

Impulsa la creatividad: El afecto positivo estimula la creatividad y la imaginación, lo que es beneficioso en una amplia gama de diferentes áreas de la vida.

Potencia el desempeño cognitivo: El afecto positivo mejora el desempeño cognitivo en actividades y acciones que requieren atención, memoria y pensamiento crítico.

Funciones del afecto negativo:

Protección contra amenazas: El afecto negativo ayuda a reconocer situaciones peligrosas o amenazantes y responder de manera adecuada para protegernos a nosotros mismos o a los demás.

Facilita la toma de decisiones: El afecto negativo puede proporcionar información valiosa sobre situaciones que requieren una respuesta rápida y adecuada, lo que puede facilitar la toma de decisiones.

Crea adaptación: El afecto negativo puede ayudarnos a adaptarnos a situaciones nuevas o desconocidas y aumentar nuestra capacidad para enfrentar la adversidad.

Regulación emocional: El afecto negativo es un indicador de que algo no está funcionando bien, lo que puede ayudarnos a identificar y abordar problemas emocionales y de comportamiento.

Potencia la motivación: El afecto negativo puede impulsar la motivación para realizar cambios positivos en nuestra vida y fomentar la autorreflexión y el crecimiento personal.

- Atemporal

  El afecto es atemporal porque no está limitado por el tiempo o el espacio. El afecto se refiere a la conexión emocional que una persona tiene con otra, y esta conexión emocional puede durar toda la vida, incluso después de que una persona haya fallecido, el afecto puede durar mucho y también poco no teniendo limitantes del tiempo y espacio.

  El afecto puede ser sentido por personas que nunca se han conocido físicamente. Por ejemplo, alguien puede sentir afecto por un personaje de ficción en un libro o película, o por un músico o artista que nunca ha conocido en persona. El afecto no está limitado por el tiempo o el espacio, sino que se basa en la conexión emocional que se siente hacia la persona o el personaje.

- Electivo

  El afecto es electivo porque se basa en la elección de a quien le quieres dar y mostrar afecto. A diferencia de las emociones básicas como el miedo o la tristeza, el afecto no surge de forma automática como una respuesta a un estímulo específico. En cambio, el afecto se desarrolla a través de la interacción social, la experiencia compartida y la conexión emocional con otras personas.

  La elección es fundamental en la formación del afecto, ya que la gente decide a quién dar su afecto y en qué grado. Por ejemplo, una persona puede sentir afecto por un amigo cercano o un miembro de la familia debido a una relación fuerte y positiva, mientras que puede sentir poco o ningún afecto por un extraño.

  El afecto también puede ser selectivo y cambiar con el tiempo. Las personas pueden decidir cambiar la manera en la que sienten, ven y se expresan hacia alguien en función de las interacciones, los comportamientos y los cambios en la relación.

- Rutinario

  El afecto puede llegar a ser rutinario dado a que se vuelve parte de tu vida darle afecto a la o las personas de tu entorno interno y externo, el afecto rutinario son las a las expresiones de afecto y cariño que se dan en el día a día de una relación, como por ejemplo un beso de despedida en la mañana o un abrazo al llegar a casa después del trabajo. Estas expresiones suelen ser habituales y repetitivas, y pueden incluir gestos como tomarse de la mano, decir "te quiero" o hacer una caricia en el brazo.

  Aunque estas expresiones pueden parecer pequeñas o simples, son importantes para mantener una conexión constante entre las personas involucradas, el afecto rutinario, crea un ambiente de confianza, seguridad y estabilidad en una relación, es especialmente importante en momentos de estrés y dificultades externas o internas.

- Requiere nutrición

  El afecto requiere nutrición constantemente debido que con solo una muestra de afecto no es suficiente para mantener una relación duradera, se necesita estar constantemente demostrando afecto y en viceversa para una relación duradera.

  La nutrición en el afecto es muy importante porque las relaciones humanas son dinámicas y cambian constantemente. Las personas necesitan sentirse apreciadas y reconocidas por quienes son, y el afecto necesita ser alimentado para mantenerse en constante evolución positiva. La nutrición en las relaciones puede incluir expresiones de amor, afecto, atención, cariño, reconocimiento y respeto, entre otros.

  Cuando las personas no reciben la nutrición adecuada, pueden sentirse solas, desconectadas y tristes. Esto puede tener un efecto negativo en su bienestar emocional y en su capacidad para conectarse y relacionarse con los demás. Por lo tanto, para mantener una relación estable y positiva es importante nutrir y cuidar el afecto que se le da a otros.

- Condicional

  El afecto es condicional y no incondicional porque dentro de la relación existen límites explícitos e implícitos como también un equilibrio que hace funcionar y evolucionar la relación de una manera positiva.

  Por ejemplo, si estás en una relación con tu pareja y ella te engaña una y otra vez, no te vas a quedar con ella incondicionalmente solo porque es tu pareja, vas a terminar la relación porque rompió los acuerdos y los límites ya antes establecidos.

  Por tanto, para mantener una relación duradera y positiva se tienen que cuidar los límites explícitos e implícitos ya antes establecidos como también mantener un equilibrio y una dinámica positiva en la relación para una constante evolución que los favorezca a ambos.

- Límites implícitos y explícitos

  Dentro del afecto que se da en la relaciones personales e interpersonales se marcan límites de que es lo que se puede hacer y no hacer, estos límites normalmente se muestran y se imponen de manera explícita o descriptiva desde el inicio de la relación ya sea amorosa, laboral o de amistad.

  También pueden ser límites entendidos por las creencias culturales y familiares, que aun cuando no estén declarados son entendidos por ambas partes.

  Estos límites marcan la dinámica en la relación creando un equilibrio que produce una evolución positiva que favorece a ambas partes.

- Evolutivo

  El afecto es evolutivo porque ya sea nutrido constantemente o no va estar en constante evolución, el afecto puede evolucionar de manera positiva fortaleciendo la relación creando una mejor dinámica y equilibrio que el ya antes establecido o por otra parte convirtiéndose en un afecto negativo deteriorando y cambiando la dinámica de la relación, cualquiera de las dos formas siguen siendo evolución.

- Fuerte/frágil

  El afecto entre las personas logra que el vínculo mismo se haga más fuerte debido al aumento de confianza y de acciones positivas pudiendo pasar adversidades y dificultades que no se lograrían si no existiera ese afecto, al mismo tiempo el vínculo de afecto es frágil debido a que es difícil y se necesita tiempo para construir una buena relación de afecto con una persona, pero con muy poco se puede destruir esa relación debido a que las acciones negativas se quedan y se recuerdan más que las acciones positivas por eso mismo se da énfasis en la importancia de que un intercambio de ideas y opiniones no se convierta en una discusión que eventualmente fracture la relación ya antes fortalecida con el afecto de la vivencias y acciones positivas pasadas.

- Elástico

  El afecto tiene límites y lo podemos ver como un objeto elástico que si lo estiras mucho se puede romper, si no si imponen reglas implícitas y explícitas desde el principio la relación a través de afecto puede ir tornándose negativa hasta el punto en que la relación ya no puede regresar a su forma original ya sea este un estado positivo, quebrándose debido a las acciones de ambas partes.

  Utilizando esta analogía de elasticidad las personas dentro de una relación ya sea, amorosa, amistad o laboral, tiene que ser capaces de cambiar y adaptarse a diferentes situaciones, teniendo en claro cuál es su límite para no crear una relación negativa y autodestructiva.

- Voluntario

  El afecto en una relación es por tu decisión nadie decide más que tu si a la persona le quieres dar afecto, aunque las otras personas o grupos te den afecto tú tienes la decisión si quieres crear una relación, hay situaciones en que las relaciones son impuestas desde un inicio y no puedes decidir como en la escuela, trabajos en equipo o en el trabajo teniendo que relacionarse con los demás empleados, pero tu eres el que decide si dar afecto o no, una relación laboral, estudiantil o social no te obliga a darle afecto a los demás por ende es voluntario.

- Íntimo

  El afecto tiene muchas formas una de ellas es la intimidad en la relación, la mayoría de las veces se muestra cuando la relación es más fuerte y se crea un ambiente en el que ambos se sientan seguros, este tipo de afecto íntimo es más común en la relación amorosa y es algo fundamental en su funcionamiento.

  El afecto es íntimo porque existe en los sentimientos personales y profundos que se tienen hacia otra persona. Estos sentimientos pueden incluir amor, cariño, amistad, compasión, empatía, que se experimentan en una relación cercana y personal.

Además, el afecto se expresa a través de gestos íntimos y cercanos, como abrazos, besos, caricias y palabras positivas. Estos gestos y palabras se suelen compartir solo con personas con las que se tiene una relación cercana y de confianza.

Manifestar afecto y recibirlo crea un ambiente de intimidad emocional que si el afecto es positivo puede ser un espacio que proporciones felicidad y sensación de seguridad.

- Reversible

  El afecto es reversible dado a que cualquier acción o cambio en la relación formada en base al afecto no es definitiva, siempre puede cambiar, evolucionar o degradarse, las relaciones humanas son dinámicas y cambiantes, como seres humanos experimentamos una amplia gama de emociones y sentimientos, también nuestras relaciones con los demás pueden verse afectadas por muchos factores tanto internos como externos.

  El afecto también se influencia por la manera en la que interactuamos con los demás. Si alguien nos trata mal o nos hace daño es un comportamiento humano natural que nuestro afecto positivo disminuya hacia esa persona. Pero si esa persona cambia su comportamiento y comienza a tratarnos mejor es muy probable que nuestro afecto se haga positivo.

- Diplomático

  El afecto como es elegible a quien dar también existen situaciones en las que tienes que mostrar afecto a personas o grupos que no conoces solo por tu posición laboral o diplomática, como podría ser tu jefe, compañeros de trabajo, maestros, figuras de autoridad de cualquier tipo, etc.

  También el afecto diplomático sirve para las relaciones entre países creando una relación de cooperación, respeto mutuo, diálogo y búsqueda de soluciones en conjunto para problemas internos y externos.

  Este tipo de relaciones mantiene un equilibrio positivo que evita la tensión y el conflicto entre países, promoviendo el entendimiento, confianza y cooperación ayudando a reducir la hostilidad.

El afecto diplomático se basa en que los países pueden tener diferencias e ideas distintas, pero aun así mantener una relación de respeto y cooperación para lograr objetivos.

Capítulo 2

El deterioro del afecto en el conflicto

2.1. EL CONFLICTO Y EL IMPACTO EN EL AFECTO

El conflicto es un concepto complejo que ha evolucionado en la forma de ser entendido, y cada nueva definición agrega nuevas dimensiones a su comprensión, (Redorta, 2004) nos menciona que la conflictología, nos sirve para acercarnos al estudio del conflicto y sus alcances.

El Diccionario de la Real Academia tiene seis entradas para describir la palabra y la mayoría va hacia la lucha y guerra como eje, pero nos centraremos en la quinta entrada sobre la coexistencia de tendencias contradictorias en el individuo (RAE, 2023).

Entonces podemos entender que el conflicto es una situación en la cual dos o más personas con intereses distintos entran en algún nivel en confrontación, oposición o emprenden acciones mutuamente antagonistas, con el objetivo de influir, manipular, controlar, dañar o eliminar al otro.

Es normal que en las relaciones humanas encontremos como un elemento frecuente al conflicto, y las partes busquen la forma de resolver su conflicto, pero cuando no se logra resolver y el conflicto sobrepasa su capacidad de resolución, entonces el conflicto crece y toma nuevas dimensiones en la relación.

Esta falta de resolución asertiva y apropiada lleva a que las partes empiezan una etapa de emociones, sentimientos y percepciones negativos, y malestar en algún nivel, y empiezan las consecuencias.

Analizaremos entonces el daño que el conflicto no resuelto causa específicamente al afecto preexistente entre las partes, recordando que el afecto es la inclinación que se tiene hacia una persona, y puede ser manifestado de diversas formas, pero puede verse afectado si no se resuelve el conflicto.

El impacto negativo en el afecto es la alteración o modificación que causa la acción humana sobre el proceso psicológico ya establecido creado mediante el afecto, debido a que todas las acciones repercuten de alguna manera sobre el afecto, un impacto negativo se diferencia de un simple efecto en la relación mediante una valoración que permita determinar si el conflicto es capaz de cambiar el estado y la calidad del afecto, y así catalogar el nivel de impacto negativo.

La valoración del impacto en el afecto se determina a través de la gravedad del conflicto y que tanto afectó a la relación ya antes formada, cada relación es diferente, formada por reglas implícitas y explícitas que ambas personas o grupos crean en la evolución y construcción de esta.

El impacto negativo debido a los conflictos afecta de manera directa a las reglas y normas ya establecidas en la relación, distorsionándolas y cambiándolas hacia una connotación negativa creando un cambio en la manera natural en la que se desenvuelve la relación, creando un retroceso y fragmentando la relación de manera indefinida al cambiar la dinámica en la que la relación de efectuaba.

Para un conflicto en una relación, se necesita más de una persona, por lo cual, el impacto negativo no solo va dirigido a una persona en particular sino también puede afectar a ambas, para lograr resolver el conflicto en la relación las dos personas deben de estar dispuestas a solucionar y mejorar la relación ya antes afectada antes de buscar el problema inicial que causa los conflictos internos y externos.

Para (Arocena & A., 2005) la actitud que una persona tiene ante el conflicto determinará el comportamiento ante éste. Por lo que la experiencia de resolver un conflicto y percibir que si es posible avanzar y resolver, determinará la actitud ante el siguiente conflicto, por tanto afectará el futuro de la relación.

Encontramos que existen autores como (Serrano Mora & Quintero Mejía, 2022) que nos mencionan la relación entre la experiencia del conflicto y el trauma psicosocial que crea, lo que explica como la no resolución lleva a escenarios de violencia y territorio, en donde la ira desemboca en conductas violentas en algún nivel o a la competencia y lucha por lo que se entiende en la relación como su territorio, creando mayores complicaciones afectivas.

Por tanto, es muy importante reconocer que el conflicto puede afectar el vínculo afectivo entre los participantes en el conflicto, si no se contiene, limita o resuelve su alcance, por lo que resulta de gran importancia entender cómo se ve afectado el afecto y sus niveles de daño, así como la forma de reparar el afecto.

2.2. AFECCIONES DEL AFECTO

Cuando las personas entran en un conflicto con otra persona con la que se ha establecido un lazo afectivo, se presentan dos aspectos simultáneos, por un lado, el afecto es como un seguro que nos ayudará a regresar la relación al estado original mediante resiliencia afectiva, pero, por otro lado, las emociones percibidas por el conflicto y las consecuencias que se perciben el futuro de la relación pueden causar algún nivel de trastornos patológicos del afecto.

Recordemos que el afecto, es una capacidad aún no manifestada, y que solo puede percibirse cuando se manifiesta en variadas formas, como ideas expresadas oral o verbalmente, un comportamiento, un gesto o una experiencia vivida, por lo que debe ser rastreado para ser analizado o entendido (Lara, 2020).

Entre las que se encuentran según la información de a (R.A.R., 2014):

Hipertimia, que es el aumento excesivo del tono afectivo que se observa en la fase y en las formas maníacas de las psicosis bipolares, la persona se va a sentir alegre por no está ligada a la situación real que justifique el comportamiento, teniendo una desproporción entre la situación y la intensidad claramente anormal de la reacción.

Las personas con hipertimia pueden mantener mucha intensidad en su actividad y seguir un ritmo de trabajo y actividad sin que se note demasiado su citación, lo que hace que sea reconocido con dificultad al pasar inadvertidos. Enmascarando lo que están sintiendo (R.A.R., 2014).

Hipotimia, que es la disminución anormal de tono afectivo, la respuesta emocional disminuye y es inadecuada a la situación real del sujeto, además presenta abatimiento, lenguaje inexpresivo y lentitud de movimientos, con pérdida de interés por todo lo que antes le producía satisfacción (R.A.R., 2014).

La hipotimia se ha señalado como parte de los cuadros de depresión, al unirlo a emociones como tristeza o nostalgia, con demostraciones de pena o congoja, en donde la persona tiene una tendencia a llorar pero no identifica con claridad lo que está sintiendo (Mantilla et al., 2019).

Ansiedad patológica, con tensión, alarma, angustia con sentimientos atemorizantes, la ansiedad se considera patológica cuando el estímulo supera la capacidad de adaptación de respuesta del organismo y aparece una respuesta no adaptativa intensa y desproporcionada que interfiere con el comportamiento cotidiano y disminuye el rendimiento en todos los aspectos, se acompaña de una sensación desagradable y desmotivadora, síntomas físicos y psicológicos y persiste más allá de los motivos que la han desencadenado.

Disforia en cambio es una emoción negativa que es la sensación opuesta a la euforia (una alegría y entusiasmo de gran intensidad) como emoción la disforia resulta ser molesta incómoda y fastidiosa, haciendo que la persona se sienta irritable y triste ante un determinado estímulo o acontecimiento.

También la Anhedonia es la incapacidad para sentir placer, la pérdida de interés y satisfacción es uno de los mayores síntomas en la depresión.

La paratimia es un trastorno caracterizado por la inadecuación del impacto afectivo que causa una determinada situación en una persona.

Ambitimia, en donde hay sentimientos negativos y positivos al mismo tiempo, consiste en que una idea puede ser acompañada de sentimientos desagradables y agradables al mismo tiempo.

Inversión de afectos, donde odia a quien debería amar; que son cambios bruscos en el estado de ánimo.

Incontinencia afectiva que es la falta de control afectivo; la rigidez afectiva, que es la pérdida de modulación afectiva.

Embotamiento afectivo, que es la pérdida de la capacidad de presentar respuestas afectivas y la alexitimia que es la falta de palabras para expresar afectos (American Psychiatric Association, 2014).

Cuando un caso llega al tratamiento farmacológico (medicación), es posible que alguno de los intervinientes llegue con algún nivel de afección del afecto, y es necesario que el mediador cuente con la información para reconocer la afección y dar seguimiento durante la mediación a los cambios y mejoras en dichas afecciones.

Existe un elemento más que observar, que es la vergüenza, como una reacción afectiva negativa muchas veces olvidada (Gómez, 2005), que se encuentra formando una máscara a otras emociones negativas, creando una resistencia a la transformación que pueda hacerse mediante la mediación, por lo que debe observarse con detenimiento.

Por lo que es importante ser cuidadosos cuando uno de los intervinientes manifiesta vergüenza, porque es necesario ahondar más en ese sentimiento para que pueda salir ese sentimiento oculto que lo produce y por tanto pueda ser trabajado en la mediación en el proceso normal que lleva el mediador (American Psychiatric Association, 2014).

2.3. CONSECUENCIAS DEL DETERIORO AFECTIVO EN LA RELACIÓN

El deterioro afectivo se origina cuando dos personas o grupos discuten dañando su relación creando emociones negativas y fracturando la relación ya antes formada, cuando las personas discuten y no tiene inteligencia emocional o capacidad de absorción de crítica pueden dañar de manera permanente la relación ocasionando un daño mayor.

Una vez fracturada la relación, se pierde la comunicación de manera efectiva por ende se ocasionan más conflictos creando una idea negativa sobre la persona o grupo con el que estás discutiendo, las dos personas ahora van a manifestar el afecto con palabras, acciones, actitudes y gestos negativos impidiendo cualquier avance positivo en la relación.

Una vez que la relación está deteriorada las personas reducen la manifestación del afecto hacia el otro, por contraparte la persona que no recibe afecto reciente la falta de mismo reacciona de forma negativa, creando una masa conflictiva entre ambos.

En este punto de deterioro la relación está tan dañada que ya no importa el conflicto con lo que se originó la discusión ya se perdió el respeto mutuo y ya no hay nada más que sentimientos negativos hacia el otro dañando de manera permanente la relación no pudiendo repararla por ellos mismos.

El deterioro puede llegar afectar mentalmente a la persona y sus recuerdos haciendo que todo lo que se relacione con esa persona te cause emociones negativas generando malestar, por lo que en este punto algo que empezó como una discusión se convirtió en el rechazo total hacia la persona.

Los recuerdos existen en tu memoria emocional y tiene tres funciones principales: a) informar a la persona de una situación en relación a sus necesidades, objetivos y deseos; b) impulsan a conductas más adaptativas acordes a la situación; y c) reportan a los demás de las propias necesidades, objetivos y deseos.

La información de las emociones son procesos inconscientes que se llevan a cabo desde el punto de vista anatómico, en la amígdala cerebral, hipocampo, estructuras límbicas y corticales, las experiencias que un sujeto atraviesa son codificadas como memorias emocionales, de manera tal que producen cambios estructurales al realizar nuevas conexiones sinápticas bidireccionales. (Airaldi, 2014)

Una vez que la persona tiene una experiencia negativa al recordarla o estar en contacto con un estímulo del propio recuerdo vuelve a experimentar las mismas emociones que manifestó en su experiencia negativa o traumática de manera inconsciente.

La memoria emocional forma parte de la memoria implícita, aquella que contiene las reacciones emocionales, conductuales, perceptivas y sensitivas, además de las respuestas de preactivación; mientras que el recuerdo emocional corresponde a la memoria explícita, es decir, la memoria declarativa y episódica.

Para poder solucionar este rechazo total hacia la persona debido a la fragmentación y deterioro de la relación las experiencias negativas antes vividas tienen que dejar de ser memoria emocional y convertirse en un recuerdo para poder evolucionar y mejorar la relación.

Desde los aspectos psicológicos podemos ver que el deterioro afectivo tiene muchas consecuencias negativas en el cuerpo, mente y en la misma relación como la Irritabilidad, cólera o sentimientos de frustración constantes, también afectan tu manera de percibir y asimilar tu entorno como perder placer o interés en cosas o actividades que antes te gustaban.

Las molestias somáticas afectan al individuo más que los sentimientos negativos (miedo, ira, tristeza), los síntomas somáticos se presentan cuando una persona siente una ansiedad extrema a causa de síntomas físicos. La persona tiene pensamientos, sensaciones y comportamientos tan intensos relacionados con los síntomas que siente que no puede hacer algunas de las actividades de su vida diaria. American Psychiatric Association. (2014). *Guía de consulta de los criterios.*

Las emociones que se encuentran dentro del deterioro afectivo más frecuentes son: Sensación desagradable provocada por la percepción de peligro, real o imaginario conocido como miedo, su opuesto es el enfado de manera violenta mejor conocido como ira, el fuerte desagrado y disgusto hacia algo, como determinados aspectos conocido como asco, sensación de decaimiento o infelicidad en respuesta a una aflicción, desánimo o desilusión conocido como tristeza.

También se encuentran las emociones secundarias como: Sentirse responsable o compungido por una ofensa percibida, real o imaginaria conocida como culpa, estado de aislamiento en el cual un individuo se encuentra solo, sin acompañamiento de una persona conocido como soledad, pérdida total de la esperanza y también a la cólera, despecho o enojo conocido como desesperación, estado de ánimo en que no se siente inclinación ni repugnancia por algo, sea una persona, un objeto, tema o asunto determinados conocido como indiferencia y por último la continuación negativa de la misma emoción, Indiferencia o falta de emoción conocido como apatía.

Actualmente el sentimiento es definido como disposición emocional o esquema afectivo o como estructura disposicional. Se lo diferencia de las emociones y del estado de ánimo tanto por su duración y estabilidad, como por estar dirigido a un objeto intencional específico.

Los sentimientos comprenden una visión global y asociativa de sus objetos intencionales, en que la valoración inicial obtenida a través de la emoción, junto a la presencia de pensamientos y recuerdos, genera creencias relevantes tanto para el establecimiento de los sentimientos como disposiciones, como para las pautas de acción subsecuentes, se considera los sentimientos como instrumentos que permiten vincularse eficazmente a los objetos mediante un lazo afectivo, permitiendo establecer una organización singular y jerarquizada de los valores (Balladares & Saiz, 2015).

Existe un síndrome conocido como carencia afectiva que se origina a temprana edad debido a la falta de cuidados, protección, atención y apego, cuando somos niños esta ausencia de afecto forma una evolución negativa en la maduración de la persona como en su personalidad y en varios casos la falta de esta creando trastornos somáticos, afectivos o conductuales.

Cual es punto de hablar de este síndrome en específico, que muchas relaciones personales e intepersonales antes de unas discusión que deteriora el afecto tiene una muy buena conexión y en muchos casos una muy cercana con gran respeto mutuo, cuando la relación se daña de manera permanente la gente que tenía una buena relación con la persona con la que discutió siente muchos síntomas que existen en la carencia afectiva que deja esa persona, son situaciones muy diferentes entre sí la carencia afectiva como el deterioro afectivo pero afectan con mucha similitud.

El deterioro afectivo no solo son los aspectos negativos que te deja esa persona si no también la misma falta de ella, el vínculo positivo de un momento a otro ya no existe por lo que cuando pasa el enojo, ira, tristeza, asco y miedo, sigue la ausencia de lo que te pudo ofrecer esa relación en cualquier aspecto, ocasionando un deterioro en tu forma de canalizar tus emociones y tus impulsos positivos o negativos.

Otra de las consecuencias del deterioro afectivo es tu cambió como persona, no solo se deteriora tu relación sino que también te afecta a ti mismo, dependiendo de la intensidad o gravedad de la situación, los sentimientos negativos intensos puede hacerte tomar decisiones impulsivas como también hacerte comportarse de maneras que antes no hacías ejemplos: Adicciones como ludopatía, alcohol y drogas, como también efectos negativos en tu relaciones sociales, estudios y tu manera de pensar hacia ti mismo.

La otra persona afectada puede pasar por la misma situación que tu por lo que es importante saber las consecuencias de tus palabras y de cómo te expresas con la persona que te relacionas e interactúas.

Biológicamente como seres humanos estamos diseñados para relacionarnos entre nosotros ocupamos compañía, tenemos la necesidad y capacidad de sentir, dar y recibir afecto positivo para mejorar nuestro ciclo vital por lo cual cuando estos factores se vuelven negativos nos afecta de gran medida.

Nosotros como seres gregarios nunca paramos de evolucionar de manera cognitiva y emocionalmente por lo que las relaciones sociales son indispensables en nuestra vida por lo que el afecto negativo crea un deterioro en nuestro cerebro y como en lo antes ya mencionado nuestra forma de pensar y actuar.

Las consecuencias del deterioro afectivo en el cerebro es la disminución de oxitocina que producen los diferentes neurotransmisores desde la médula espinal afectando nuestra capacidad cognitiva y control de nuestras emociones lo que deriva en la creación de trastornos mentales que afectan la capacidad de sentir, dar y recibir afecto de manera efectiva.

Capítulo 3

El afecto como parámetro de solución de un conflicto

3.1. LA TRANSFORMACIÓN DE LA VALENCIA NEGATIVA A VALENCIA POSITIVA EN EL AFECTO

Los estados emocionales están cargados de valencia, es decir que son experimentados de forma positiva o negativa, existiendo escalas, es decir que en un extremo es muy positivo y en otro muy negativo, existiendo un punto neutro de percepción (Aguado, 2014).

La transformación de la valencia negativa a valencia positiva se lleva a cabo a través de la comunicación clara y sin interpretaciones, cuando ambas personas o grupos logran entender lo que quiere la otra persona y tu logras comunicar lo que necesitas de manera efectiva las soluciones y los acuerdos llegarán solos de manera positiva, con ayuda de un tercero siendo este el mediador la inclinación de afecto hacia la persona va evolucionando de nuevo a una forma positiva como también la manifestación del mismo.

Lo primero que tiene que tener presente una persona a lo de querer arreglar un conflicto pasado y mejorar una relación ya antes dañada, es tener que estar dispuesto y tener la intención de solucionar los problemas a través de una comunicación clara llevando todo con un enfoque positivo direccionando hacia un situación que favorezca a ambas partes.

Una relación de cualquier tipo y forma se puede quebrar, distorsionar y deteriorar de manera negativa debido a conflictos en la relación, pero siempre se puede solucionar y seguir evolucionando de manera positiva mejor que antes, mientras ambas partes estén dispuestas a comunicarse y hacer un cambio positivo con el bien de mejorar la relación.

Como seres humanos siempre estamos en constante evolución debido a nuestros aprendizajes día a día, sean positivos o negativos, el cambio en nuestra personalidad y la manera en la vemos las cosas solo depende de nosotros, tú como dueño de tu vida decides si una mala experiencia o un trauma en la relación te afecta a largo y corto plazo y en la manera en la que ves y ahora percibes a la persona involucrada.

Es un proceso que se tiene que llevar y no siempre es fácil de manejar, pero se puede lograr un aprendizaje y una evolución positiva en la dinámica de tu relación, entendiendo porque la persona actúa y se comporta de la manera que lo hizo anteriormente, el cambio de la valencia negativa a positiva sucede primero de manera individual en nuestra forma de pensar, cuando las dos personas están dispuestas a evolucionar y aprender del pasado de manera positiva se logran los resultados, acuerdos y metas esperadas en la relación.

La minoría de las personas pueden lograr ese cambio por sí solas, pero la mayoría acuden con un tercero siendo este el mediador para poder solucionar sus conflictos y controversias.

La transformación de la valencia negativa a valencia positiva es una analogía al proceso químico de un elemento, al ganar o perder electrones debido a las reacciones de oxidación y reducción (Norman L, 1983).

Si un elemento gana electrones su valencia es negativa y si pierde su valencia es positiva.

Esta analogía de los procesos químicos se puede utilizar en el comportamiento humano y su relaciones personales e interpersonales, nosotros viéndonos como elementos humanos nuestros electrones sociales serían los conflictos, ideas mal interpretadas, falta de comunicación, mal raciocinio e interpretación de la situación en la relación.

Cuando una persona pierde estos electrones sociales que afectan a la evolución y a la manifestación de soluciones en la relación, la valencia de nosotros como elementos humanos se convierte en positiva.

3.2. LAS CUALIDADES POSITIVAS DEL AFECTO EN LA RELACIÓN EN CONFLICTO

Cuando las personas que intervienen en la mediación inician su proceso, con una relación que puede tener trazas de rigidez, irresolubilidad del conflicto, en una espiral de irreconciabilidad y en contradicción de elementos, con una falta de toma de decisiones y elecciones, donde quienes podían tener un lazo afectivo ahora se ven como antagonistas (Cigoli & Scabini, 2017).

El mediador en su papel principal de permitir que los intervinientes entiendan la percepción del otro, y facilitando que lleguen a acuerdos desde su libre albedrío, sin imponer soluciones o salidas obligadas, ayuda a reconstruir los canales de comunicación que fueron dañados por el conflicto (Arboleda López, 2017).

Es importante reconocer el papel de la mediación en la contención y la transformación de las emociones, porque son reacciones que se manifiestan de forma automática ante las situaciones externas, y durante el proceso de escucha. Por lo que los intervinientes van pasando por emociones cambiantes durante el proceso, y cuando logran llegar al centro del conflicto, después de pasar por un recorrido por el drama y el dolor en algún nivel, empiezan a resolver el conflicto, a entender la postura y necesidad del otro (Fabregás Ferreira & Moura da Fonseca, 2021).

Y con ello sus emociones van transitando por la escala del afecto, del lado de valencia negativa a la valencia positiva. Lo que permite retomar la importancia de la formación de mediadores en las emociones y sentimientos, porque no solo la eficacia de la mediación se basa en lograr un acuerdo, sino en la transformación de las emociones en los intervinientes, que les permita en el mejor de los casos, retomar su relación y continuar construyendo su lazo afectivo.

Las emociones afloran sobre todo en la fase de premediación y en la exposición de hechos, que se le conoce como ventilación emocional, en donde el mediador no debe repetir las ideas manifestadas, ni parafrasearlas, sino decir la emoción que ellos están expresando. Porque al inicio las personas sienten ira, frustración, enojo, resentimiento, odio, rencor o desconfianza, y es necesario que se expresen y permitir que fluya su expresión.

Existen emociones como las señaladas por (Ibarrola-García, Iriarte, & Aznárez-Sanado, 2017) que menciona deben ser observadas, como la culpa, odio, ira, vergüenza, miedo o intimidación que pueden tener un tratamiento equivocado y no ser atendido y llevar a que no se resuelva el conflicto ni se transformen las emociones. Y muestra como errores el esperar a que esas emociones surjan de forma natural, o creer que con solo expresarlas se van a resolver, o no reconocer que estas emociones son resistencias para la solución, porque son emociones de muy baja valencia.

Es necesario que las emociones se gestionen, analicen, negocien y hablen durante el proceso, porque amenazan el acuerdo. Es por ello, importante tomar conciencia de las emociones al inicio y durante el proceso, porque cuando aparecen emociones como alegría, calma, satisfacción, entusiasmo, esperanza, diversión y placer podemos entender que el conflicto está entrando en fase de solución, y que la gestión de las emociones está en fase activa.

Y se debe tomar en cuenta que las emociones se pueden manifestar en forma de mensajes tanto verbales como no verbales, por lo que debe observar también desde esta perspectiva. Siendo la escucha activa una herramienta para entender las emociones y se requiere estar atentos a su identificación.

Es importante también que el mediador no se contagie de las emociones percibidas de los intervinientes, y se mantenga en calma y serenidad para controlar y gestionar sus propias emociones y trabajar con el conflicto y emociones de ellos.

Porque necesita generar un espacio adecuado para que se expresen, con confianza y encontrar comprensión a sus relatos, para motivar y reconocer su dolor (Ibarrola-García, Iriarte, & Aznárez-Sanado, 2017), para transferir su habilidad de manejar emociones, porque pasar por un proceso de mediación, genera aprendizajes de gestión de las emociones, creando un empoderamiento emocional que puede ser utilizado en posteriores conflictos mejorando su autogestión.

La mediación promueve la solución de los conflictos de forma humana, ayudando a los intervinientes a manejar la proyección de sus emociones y comportamientos.

3.3. EL AFECTO COMO HERRAMIENTA EN EL PROCEDIMIENTO DE MEDIACIÓN

El afecto es un aspecto de suma importancia para la compresión de la conducta humana, porque nos motiva e impulsa a la convivencia con otros, y es el motor que nos lleva a relacionarnos positiva o negativamente, porque determina el tipo de emociones, y sentimientos que experimentaremos en la relación, y también define la percepción previa que tenemos de lo que será la relación.

Permitiendo el establecimiento de lazos mediante acciones, gestos, palabras o actitudes que crean las bases profundas que unen a las personas a largo plazo.

El lazo afectivo es importante para tener relaciones sanas, confiables y estables. Pero cuando algún conflicto desestabiliza la relación y se crea la idea de que lazo se romperá, o que está roto, la percepción de sufrimiento se manifiesta de diversas formas y niveles.

Es el momento en que las partes ya no pueden por sí mismas resolver el conflicto y requieren de un mediador que los apoye mediante el proceso de mediación para solucionar su problema. El proceso de mediación por sí mismo ayuda a la restauración del lazo afectivo porque ayuda a que los intervinientes se escuchen y comprendan la versión del otro, logrando restablecer la conexión con la persona con la que tenían un lazo.

Logran también aclarar puntos en contraposición y establecer parámetros de lo que están dispuestos a ceder o a permitir, abriendo la posibilidad de que la relación regrese a una estructura natural y normal, y en algunas cosas se puede contar con la presencia del perdón, que regresa el conflicto a latencia cero. Siendo este el mejor de los escenarios para los intervinientes. El mismo proceso restaura lazos afectivos.

Sin embargo, el mediador requiere saber conceptos relacionados al afecto, para entender su importancia, diferenciarlo de emociones y sentimientos, y entender la importancia de la reconstrucción de los lazos afectivos. Por lo que se necesita una capacitación en el afecto, y su manifestación en emociones, sentimientos, acciones, comportamientos, gestos y actitudes.

Para que reconozca el estado del lazo afectivo y, pueda observar puntos que pueden afectar el desarrollo de la mediación como por ejemplo, la vergüenza que es un factor que encubre otras emociones o hechos que han sido cubiertos y que se necesita pasar a través de la vergüenza para acceder a los hechos que la crean, y puede hacerlo en el mismo proceso de mediación mediante la narrativa de los hechos, apoyando mediante preguntas, para que la persona pueda hablar de lo que le genera la vergüenza, lo que permite llegar al fondo del conflicto y mejorar su lazo emocional al paso del proceso de la mediación.

El conocimiento de que es el afecto y como se manifiesta, así como las consecuencias de lazos afectivos dañados, es importante para que el mediador comprenda la evolución emocional de los intervinientes durante el proceso.

Capítulo 4

Las virtudes en la transformación del afecto

4.1. LAS VIRTUDES Y SU IMPORTANCIA EN LA GESTIÓN DE EMOCIONES

Las personas tenemos la capacidad de formar hábitos que pueden ser positivos o negativos, pero cuando estos hábitos son positivos y nos ayudan a adaptarnos a los cambios de la propia experiencia de vida, entonces estaremos ante una virtud. Existen virtudes que son más proclives a ayudarnos en la gestión de los conflictos, porque nos dan herramientas emocionales y salidas adecuadas para los problemas que va presentando cada vida en lo particular.

Algunas de las virtudes que nos permiten desarrollar respuestas asertivas ante la vida cotidiana y que se pueden aprender, incorporándose a la rutina diaria, logrando que sean un hábito, pero es importante entender la importancia de cada una y la forma en que sirve para la gestión de emociones.

Las virtudes las desarrollamos poco a poco, al incorporar su presencia en diferentes situaciones cotidianas, hasta que dejan de ser algo que pensemos y trabajamos para ser algo natural que sale sin esfuerzo.

Las virtudes representan lo mejor que un ser humano puede aportarse a si mismo y a los demás, por lo que cualquier virtud nos ayudará a gestionar mejor las dificultades de la vida, pero algunas virtudes son especialmente favorables para ayudarnos a mejorar la forma en que damos afecto y recibimos afecto, como las que se presentan a continuación.

- Piedad

  La piedad es una virtud difícil de explicar, porque no es muy clara en su definición, pero es importante entenderla. Se conoce la piedad como una virtud que inspira, por amor, como una tierna devoción a las cosas santas, al amor al prójimo y a la compasión. Esto nos habla ya de que está asociada a un concepto de divinidad en cuanto la proyección de amor a los demás sin distinciones.

Otro aspecto de la piedad, que es muy importante es la acción de ayudar, asistir o perdonar a alguien que hizo algo malo, es decir, que merecía ser castigado. Es cuando se otorga la piedad a un condenado o mediante la piedad no es condenado. O cuando la persona tiene un sufrimiento grande.

No se trata de sentir lástima, se trata de apoyo filial, de entender al otro como igual, como digno de ser perdonado, de ser entendido. Se trata de alegrarnos con quién está alegre, de consolar al afligido y de socorrer a quién pasa necesidad. También el concepto integra el amor incondicional a otros, como pueden ser los padres, en cuanto a la ayuda que se les otorga en su vejez y debilidad propia de la edad.

La piedad ha sido descrita como virtud e implica algo que sucede en una parte íntima de la persona. Es una inclinación al amor incondicional.

Algunos ejemplos pueden servir de entendimiento de cómo llevar la piedad a la vida cotidiana; si algún compañero de tu trabajo hizo algo que parece negativo o que no debió hacer, eso puede hacer sentir que tu tienes la verdad y la razón de tu lado y el no, por tanto puedes juzgar y comentar con otros lo que ésta persona hizo y hasta sentenciar con alguna consecuencia como, ya no le hablemos, déjalo sin que sepa algo importante, etc., ahí un acto de piedad es entender que su actuar es basado en su libertad y que las consecuencias de sus actos son su responsabilidad y que hay una autoridad sancionadora que se encargará, y mantenerte en calma sin juzgar y sin criticar.

Otro acto de piedad puede ser cada ayuda y apoyo a los padres, porque es hecho con amor sin límites, se les ama de forma integral, sin condiciones a los padres. Igualmente, el amor a los hijos es un amor incondicional, que se otorga sin objeciones. Y en ocasiones vemos que un hijo hace algo equivocado y amorosamente podemos comprender que su aprendizaje implica esa vivencia y que sus actos son su responsabilidad y que podemos amarlos aun cuando se equivocan.

Y este amar incondicionalmente a los demás puede ir avanzando fuera del círculo íntimo familiar para adentrarse en el de las amistades y las personas conocidas en donde podemos ayudar de diversas formas, como, por ejemplo, ayudar a una amiga llevando a su hijo a casa a la salida de la escuela mientras ella está trabajando, o ayudar a un hombre que cruza una calle al detener el tráfico mientras camina para cruzar, eso es una forma de pedir piedad por el para que no lo atropellen.

Con estos ejemplos podemos comprender que la piedad puede ser algo que podemos vivir cada día. Siendo piadosos y aceptando los actos de amor de otros hacia nosotros, agradeciendo su piedad. No necesitamos ser santos, ni filósofos, ni dedicar la vida a la religiosidad y misticismo para ser piadosos.

La piedad es una virtud que todos podemos tener, y si recordamos lo que es una virtud, es un hábito, y un hábito se construye, se practica cada día, de diferentes formas.

Ser piadosos es podemos inclinarnos a hacer cosas buenas, a ser bondadosos, compasivos y generosos. Es amar a los demás sin distinciones. Es amar incondicionalmente aun a los que no lo merecen. Es evitar juzgar y criticar y ayudar, en lo que puedas, a todos los que puedas.

La piedad nos ayuda a gestionar las emociones porque nos permite tener una salida a la frustración, a la injusticia, al trato diferenciado, a seguir cerca de alguien que nos parece que no hace lo que pensamos es lo mejor, a relacionarnos con personas distintas y diferentes, y especialmente a relacionarnos con personas que se han equivocado.

Por tanto, la piedad ayuda a resolver conflictos de autoimagen, en donde piensa la persona que ha cometido errores, que se ha equivocado o que es culpable, porque permite que pueda continuar la relación consigo mismo desde el amor piadoso a sí mismo perdonando sus propios fallos.

- Humildad

La humildad es una virtud humana atribuida a quien ha desarrollado la conciencia de sus limitaciones personales y sus debilidades, y actúa en consecuencia. La humildad es opuesta a la soberbia

Tiene su origen en la palabra *Humilitas*, que a su vez viene de hummus, que significa tierra, porque es muy interesante que la humildad consiste en estar con los pies en la tierra.

La humildad es entendida desde distintos enfoques, uno de ellos es desde la idea de reconocerse como persona igual a las demás personas, es no estar por encima ni por debajo de nadie. Esto sirve para que la persona no se sienta con la posibilidad de sentirse superior y entonces humillar o hacer sentir a otros que son inferiores.

Otro enfoque es el del origen de la persona, porque al decir que una persona es humilde, puede entenderse como una descripción de su origen o estatus asociado a la pobreza o bajo nivel social, y este uso en nuestro idioma no implica un enfoque negativo o peyorativo, es más bien descriptivo.

Y el tercer enfoque es como sumisión, porque el hecho de que una persona sea humilde se entiende que se rinde ante una autoridad o poder superior y que humildemente lo acepta. Y un enfoque más nos llega desde la tradición budista en donde la humildad es el camino para liberarse del sufrimiento.

Autores clásicos han hablado de la humildad, encontramos por ejemplo a (Aristóteles, 2023) que no la consideraba virtud, porque la consideraba más bien un defecto, debido a que la asocia a otro concepto que es ser pusilánime, que es como una persona temerosa, tímida o acomplejada; Immanuel Kant (Galvez J.P., 2022) que afirma que es una virtud central en la vida que brinda una perspectiva de la moral, Friederich Nietzsche la menciona como una falsa virtud que esconde las decepciones interiores de la persona (Nietzsche, 2022).

Formas de manifestar la humildad: Reconocer los errores son actos de humildad. Reconocer lo que los demás hacen y lo que son Reconocer las propias limitaciones y debilidades. Vivir con modestia. Tomar en cuenta la opinión de los demás. Respetar a todos y todas. Preocuparte por los demás.

Pero quisiera reflexionar como la humildad puede ser útil en este tiempo y época que nos toca vivir, porque la humildad nos coloca en un lugar en la cosmovisión colectiva, junto a los demás, en ese exacto lugar, junto a los demás.

Eso nos permite sentir nuestra propia fragilidad, pero la fortaleza compartida. Si somos como los demás sabemos que estamos en un mismo barco y lo que le pasa a uno le pasa al otro, es como vivir en una isla pequeña, si le lleve a uno nos llueve a todos.

Esta conciencia ayuda a muchos cambios actuales que necesitamos hacer en torno al ambiente y la aceptación de las diversas formas en la que las personas eligen manifestarse y experimentarse a sí mismas.

La humildad, nos evita muchos problemas relacionados con la arrogancia y crisis de dignidad, por sentir que somos más, merecemos más o que los otros merecen menos.

Porque al ser humildes, sabemos que, si bien somos iguales, los esfuerzos son distintos, los aprendizajes distintos, los logros son distintos y eso es parte de la vida, no de lo que nos hace seres humanos.

La humildad nos humaniza y acerca a la compasión. La humildad paradójicamente nos engrandece a todos, no nos hace pequeños. La humildad es una forma de soltar el miedo, los temores y las angustias, así como los pensamientos catastróficos, porque nos une a la posibilidad de no tener y está bien.

Nos ayuda la humildad a soltar los apegos, porque nos permite reconocer que llegamos sin nada y nos iremos sin nada, irremediablemente, entonces la respuesta no es tener, sino vivir y experimentar todas las facetas que la vida nos permita experimentar. La humildad nos hace mejores personas.

- Fortaleza

La fortaleza es una virtud que se basa en la capacidad moral de una persona para resistir o sobrellevar sufrimientos o penalidades. Es una virtud que une la fuerza física y emocional de una persona que permite sostenerse ante las adversidades y dificultades de la vida.

La vida nos presenta momentos y escenarios que no son agradables, que implican en ocasiones dolor, sufrimiento, angustias y penas, que si bien, no quisiéramos vivir, no podemos evitar en algún momento de la vida sentir esta sacudida que se nos presenta.

Y son estos momentos los que nos permiten descubrir la fortaleza que tenemos. La fortaleza no viene de fuera, viene de lo que la persona ya es, y puede ser practicada hasta que se convierta en hábito, con disciplina.

Es una virtud cuando la hacemos un hábito, que nos ayuda a hacer lo que consideramos adecuado o correcto, aunque sea difícil. La fortaleza es la manifestación de otras virtudes, habilidades o capacidades que unidas dan a la persona los pilares que le dan unidad y coherencia para abordar su propia realidad con todas sus complejidades.

Los pilares que sostienen la fortaleza son aspectos positivos de la persona, como sus valores morales, éticos, tenacidad, inteligencia emocional, resiliencia, autoestima y sentido del propósito. Que permiten afrontar aspectos de la vida que nos alejan de los positivo y el bien. Por lo que su presencia para estructurar la fortaleza es de vital importancia.

Porque cuando actuamos con fortaleza, las acciones que hacemos están motivadas por lo mejor de la persona, por lo que dichas acciones están encaminadas al más alto bien. Es importante saber que la fortaleza puede ser como un entrenamiento, si logras tener fortaleza en las cosas pequeñas del día a día, estarás habilitado para tener los recursos para cuando llegue una dificultad grande.

La fortaleza no solo la tenemos cuando tenemos problemas, siempre la tenemos, pero está en forma de potencialidad, y es cuando algo se manifiesta que podemos echar mano de ella. Nos ayuda a resolver problemas que pueden ser reales, imaginarios, colectivos o emocionales. Y al salir adelante se crea una armonía con el resto de lo que conforma tu vida. Porque nos ayuda a hacer lo correcto.

La fortaleza permite sobreponernos al miedo, a lo desconocido y a lo que nos produce incertidumbre. Podemos transformar los conflictos y tener una mejor calidad de vida, con percepción de bienestar. Porque aumenta la capacidad de tomar decisiones para bien, mediante el autoconocimiento, y así alcanzar esa aspiración más elevada de sí mismo.

La fortaleza es lo contrario a las debilidades, porque son las debilidades esos huecos en nuestros cimientos. Mientras la fortaleza, los pilares sólidos y robustos que nos mantienen ante el vendaval.

- Honor

El honor como una cualidad moral que lleva a las personas a cumplir con sus propios deberes respecto al prójimo, y a uno mismo, esto quiere decir que, es como un concepto ideológico que justifica conductas, y explica relaciones sociales, diciéndolo como más desmenuzado, es que, en una comunidad existen reglas compartidas que se basan en ideales, y en una propia cosmovisión de esa sociedad que constituyen, lo que supone una conducta honorable dentro de esa comunidad.

Entonces cada sociedad determina como decíamos, lo que será una conducta honorable y esas conductas son las más deseables, las más elevadas, para para esa ese grupo de personas, por lo tanto, desde este primer enfoque, vivir con honor es vivir desde la mejor perspectiva posible de ti, percibida por ti mismo, desde tu mundo, desde tu cultura, no desde otra cultura, o del ideal de otra región, sino de tu espacio, de tu ciudad, o de tu comunidad.

Un segundo enfoque viene siendo, cuando asociamos el honor a otro de los más altos valores de nuestra sociedad que es la dignidad, y entonces, unimos como honor, y dignidad porque entonces hablamos sobre cómo nos manejamos, cómo nos conducimos, y cómo nos tratamos los unos a los otros, y esto habla del respeto que podemos tener en todos los niveles posibles con las demás personas, por lo tanto, cuando una persona respeta a los demás,entonces lo natural es que dicha conducta sea regresada, y por lo tanto sea tratado con respeto por los demás, entonces desde este enfoque, vivir con honor, es vivir con dignidad, por lo tanto te honras a ti, y a los demás, y eres honrado por los demás.

Un tercer enfoque del honor es cuando nos preguntamos, ¿el honor es algo para recibir, o es algo para dar? ¿Cuál es tu postura? la base de esto es honrar a los demás, y no esperar ser honrado, para que el honor llegue por sí solo, pensemos en este punto, en personas que podemos Tener algún ejemplo por ahí, que están esperando recibir honores, están esperando ser reconocidos, o ser alabados, es como esa necesidad de recibir la gloria, es muy complicado esperar eso, porque, ahí estamos poniendo una expectativa muy alta sobre los demás, de cómo queremos ser tratados por ellos, y seguramente nos van a fallar, y seguramente nos podremos sentir traicionados, es algo difícil para las personas que están esperando recibir el honor, porque pues, ¿cuál es el límite de lo que quiere recibir? ¿En qué momento? la otra persona a lo mejor, sólo te dan gracias, y tú lo que quieres es gracias, más la carta, más un regalo de agradecimiento, ¿más qué? o sea ¿dónde está tu límite de lo que esperas que los demás te den? esto es algo como para reflexionar.

Un cuarto enfoque, es cuando honras a los demás en un nivel alto de sabiduría, cuando tú dices estoy observando la esencia y la naturaleza de la otra persona, honro tu existencia, existes y para mí eso es valioso, vales por tu naturaleza, vales por lo que eres intrínsecamente, por lo tanto, honras al ver la esencia de los demás, sin máscaras, y te alegras por su existencia, del mismo modo lo haces a ti mismo, ¿cómo te honras a ti mismo?, reconociendo tu valor, teniendo autoestima alta, sabiendo que vales, y sabiendo que eres importante, y entonces honras quién tú eres, porque sabes quién eres.

Otro enfoque más, un quinto enfoque, es un tanto visto desde la norma, porque a lo mejor muchas personas no lo saben, pero el honor es un derecho humano, y les voy a leer tal cual el derecho humano, dice en la declaración universal de los derechos humanos, "dice nadie será objeto de injerencias arbitrarias en su vida privada, su familia. su domicilio o su correspondencia, ni de ataques a su honra, o a su reputación, toda persona tiene derecho a la protección de la ley, contra tales injerencias, o ataques".

¿Qué significa esto? que está también visto desde la normativa, y al estar en la declaración de los derechos humanos, esto hace que pase a muchas otras normas, y muchos otros derechos, este punto del honor entonces es importante que veamos que lo podemos encontrar en diferentes leyes.

También desde este mismo enfoque a veces se entiende como una especie de patrimonio moral de la persona, consistente en aquellas condiciones, de lo que esta persona considera en su propia estimación, como por ejemplo su reputación, y la estima que los demás tienen por ella misma, ¿qué pasa con este enfoque? hemos ido viendo que poco a poco, esta parte de la reputación ha tenido que generar nuevos derechos, nuevas ideas legales, para poder proteger esta versión de la protección a las demás personas, por ejemplo, la protección a la intimidad, la protección a la privacidad, la protección a la imagen pública.

Este tema de la imagen pública es un gran tema, porque hoy en día vemos muchos delitos que tienen que ver con que cualquier persona, puede subir una foto tuya, y poner algunas cuantas cosas equivocadas, falsas, erróneas, o con alguna intención para dañarte, sube una imagen, y queda ahí y queda en línea, y queda al alcance de cualquier persona, y eso es un daño al honor de la persona, entonces estos son nuevas formas de observar, y cuidar este honor de las personas.

También existe otra cosa, que es el derecho al olvido, ya existen algunos países que trabajan en el derecho al olvido, es decir, que se tenga el derecho a que esa información que la persona no subió a las redes, que no promovió, y que no quiere que esté en público, se le conceda el retiro.

Entonces, creo que reconocernos, ver algo tan valioso que tenemos todos los seres humanos como el honor, nos puede ayudar a relacionarnos mejor, tienen relaciones más pacíficas, más armoniosas, y pues bueno, creo que vale la pena detenernos a pensar en esto.

4.2. LAS VIRTUDES Y SU IMPORTANCIA EN LA TRANSFORMACIÓN DEL CONFLICTO

- Gratitud

La gratitud es una virtud positiva, que surge a partir de que hemos percibido, que otra persona ha tenido una intención positiva hacia nosotros, de promover nuestro bienestar personal, algo bueno para nosotros, ya sea mediante un regalo, una ayuda, a un beneficio, un apoyo, un pensamiento positivo, que hace que la vida tenga satisfactores, es sentir esa percepción de gratitud, hace que la vida sea algo bueno para vivir, dando satisfacción de vivir.

La gratitud es como un segundo placer, porque prolonga el primer placer, es decir, si ya recibimos algo bueno, y ya sentimos eso de sentir, que nos dieron algo, la gratitud es volverlo a vivir, prolonga la sensación de haberlo vivido, es como un eco alegre de una alegría experimentada, esto es una idea de André Comte que me gusta, de cómo percibir esto, la gratitud como un segundo placer, qué significa que está amplificando, no todo lo positivo que nos pasa en la vida, y eso es bueno.

Podemos percibir gratitud cuando nos permitimos sentir emociones agradables, cuando recibimos algo, cuando recibimos el tiempo que alguien nos da, una palabra amorosa, cuando recibimos algo, pero también puede ser un alimento, un regalo. Existe un punto de equilibrio en el dar y recibir, que se experimenta cuando nosotros recibimos algo, y como una forma de regresar esa energía sentimos gratitud.

También es importante enfocarnos en lo que sí tenemos, en lo que sí recibimos, en lo que sí hay en nuestras vidas, no necesariamente tenemos que agradecer algo que nos da a alguien más, puede ser algo que ahí está para nosotros en la vida, puede ser hasta la presencia de una montaña, un río, una lluvia, todos podemos agradecer porque estamos recibiendo esa experiencia estamos recibiendo un momento, un instante agradable para nosotros.

Hay muchos estudios que plantean los beneficios de sentir gratitud, y algunos de ellos son un estado mental más estable, más positivo, hay cambios también en el cuerpo, por ejemplo, aumenta la dopamina, baja el cortisol, hay un equilibrio en la serotonina, todos estos cambios son positivos para nuestro estado de ánimo, aumentando la alegría, y ¿qué estamos haciendo? pues sintonizándonos con lo que sí tenemos, quiere decir que te sintoniza con la percepción de abundancia.

En las relaciones con los demás, se puede apreciar lo bueno que ellos dan hacia nosotros, su mejor versión es la que estamos recibiendo. Si estuviéramos al revés, percibiendo su peor versión, ya tenemos un conflicto, entonces se reduce la posibilidad de que tengamos gratitud.

Por ejemplo, en una relación, cuando hay agradecimiento mutuo, podemos entender que es como si fuera una manifestación de amor, pero mediante la gratitud, porque si yo hago algo por ti, y tú lo agradeces, y después pasa al revés, que la otra persona hace algo hacia mí, y yo agradezco, entonces hay un equilibrio, entre dar y recibir, en esta relación de forma estable, y equilibrada, y entonces estamos enfocados en lo que si nos damos, en lo que sí nos aportamos, en la abundancia de amor entre la relación, entonces pues resulta ser muy positivo, en una relación a largo plazo.

Se puede decir que hay días en que es muy fácil agradecer, cuando el día parece fluir de forma natural, pero hay días malos, que nos parecen muy difíciles, y es más complejo encontrar cosas para dar gracias. Un ejemplo es estar en el tráfico, sintiendo molestia, en ese caso es necesario detenerse un poco, y dejar de sentir esa molestia, se puede agradecer el tener unos minutos para pensar, y reflexionar, y por el aire que se respira, y así volver a la emoción de gratitud hasta que sea estable.

- Aceptación

  A las personas en general no nos gustan las cosas que no entendemos. Un ejemplo si entramos a una habitación que está oscura, no sabemos el tamaño de la habitación, no sabemos si nos vamos a tropezar con algo, si nos vamos a topar con una pared y nos vamos a chocar, estás sensación nos producen miedo; miedo a lo desconocido, miedo a no entender que hay ahí en esa habitación.

  Lo mismo nos pasa con otras personas, cuando nos topamos con una persona que tiene un sistema de creencias, o una cultura distinta a la nuestra, una forma de proceder y entender la vida distinto, y no lo podemos entender, nos parece que ese espejo en él nos ponemos con esa persona, nos parece muy distinta a nosotros, resulta que la forma natural de relacionarnos es separarnos, no queremos acercarnos, no queremos ver, no queremos compartir porque es distinto a nosotros.

  Lo que se está percibiendo es la diferencia, la separación con el otro ser humano. Lo vemos distinto y eso crea rechazo. podemos hacerlo a través del rechazo o la crítica, y en ocasiones ese rechazo también se usa para sí mismo. Al no haber una auto aceptación plena.

  Es importante que podamos llegar a un pensamiento positivo, de que en realidad no hay nada malo con nosotros mismos, ni con los demás. Los demás son como son, por elección propia. No se trata de nosotros sino de ellos. Y es importante permitir que los otros se experimenten de la forma que elijan hacerlo.

  Algunas personas, ven a través de los miedos o de los ojos de los padres, porque los padres les enseñaron de la forma que pudieron, y lograron que sobre vivieran en la forma en que fue posible para ellos, y la mayoría de las veces enseñaron a través de la crítica, y no significa que la crítica sea mala, más bien es como se percibió la crítica, y si esa crítica fue dolorosa, y agresiva. Si no se gestiona se dificulta la aceptación por las culpas creadas a través de la crítica agresiva.

Es posible que la persona no quiera ver su sombra, es decir las facetas de si mismo que no le gustan, dificultando la aceptación. Por lo que resulta relevante de luz a esa sombra, para que la persona pueda empezar a amarnse, aún en esas facetas.

Los beneficios de la aceptación son en muchos niveles, porque se observa una disminución en el sufrimiento, cuando se corrige el error de percepción.

- Honor

  El honor como una cualidad moral que lleva a las personas a cumplir con sus propios deberes respecto al prójimo, y a uno mismo, esto quiere decir que, es como un concepto ideológico que justifica conductas, y explica relaciones sociales, diciéndolo como más desmenuzado, es que, en una comunidad existen reglas compartidas que se basan en ideales, y en una propia cosmovisión de esa sociedad que constituyen, lo que supone una conducta honorable dentro de esa comunidad.

  Entonces cada sociedad determina como decíamos, lo que será una conducta honorable y esas conductas son las más deseables, las más elevadas, para para esa ese grupo de personas, por lo tanto, desde este primer enfoque, vivir con honor es vivir desde la mejor perspectiva posible de ti, percibida por ti mismo, desde tu mundo, desde tu cultura, no desde otra cultura, o del ideal de otra región, sino de tu espacio, de tu ciudad, o de tu comunidad.

  Un segundo enfoque viene siendo, cuando asociamos el honor a otro de los más altos valores de nuestra sociedad que es la dignidad, y entonces, unimos como honor, y dignidad porque entonces hablamos sobre cómo nos manejamos, cómo nos conducimos, y cómo nos tratamos los unos a los otros, y esto habla del respeto que podemos tener en todos los niveles posibles con las demás personas. Cuando una persona respeta a los demás, lo natural es que dicha conducta sea regresada, y por tanto, sea tratado con respeto por los demás, entonces desde este enfoque, vivir con honor, es vivir con dignidad, te honras a ti, y a los demás, y eres honrado por los demás.

Un tercer enfoque es honrar a los demás, y no esperar ser honrado, para que el honor llegue por sí solo, porque se estaría poniendo una expectativa muy alta sobre los demás, de cómo queremos ser tratados por ellos, y seguramente nos van a fallar, porque esa es la naturaleza de las expectativas.

Un cuarto enfoque, es cuando se honra a los demás en un nivel alto de sabiduría, al observar la esencia y la naturaleza de la otra persona, honrando su existencia, e intrínsecamente se crea alegría por su existencia.

Un quinto enfoque, es desde la norma, porque el honor es un derecho humano, en la declaración universal de los derechos humanos, "dice nadie será objeto de injerencias arbitrarias en su vida privada, su familia. su domicilio o su correspondencia, ni de ataques a su honra, o a su reputación, toda persona tiene derecho a la protección de la ley, contra tales injerencias, o ataques".

También se entiende como una especie de patrimonio moral de la persona, consistente en aquellas condiciones, de lo que esta persona considera en su propia estimación, como por ejemplo su reputación, y la estima que los demás tienen por ella misma, para poder proteger esta versión de la protección a las demás personas, por ejemplo, la protección a la intimidad, la protección a la privacidad, la protección a la imagen pública.

Este tema de la imagen pública es un gran tema, porque hoy en día vemos muchos delitos que tienen que ver con que cualquier persona, puede subir una foto, y poner algunas cuantas cosas equivocadas, falsas, erróneas, o con alguna intención para dañar, sube una imagen, y queda ahí y queda en línea, y queda al alcance de cualquier persona, y eso es un daño al honor de la persona, entonces estos son nuevas formas de observar, y cuidar este honor de las personas.

También existe otra cosa, que es el derecho al olvido, y me parece maravilloso esto, porque también las personas que han sido dañadas en su honor, por ejemplo, imaginemos a alguien que a los 16 años, o 17 años va a una fiesta toma un poco más de bebida, y lo toman, en una grabación corta, en donde dice algunas incoherencias, porque toma un poco más, fue un momento, fue un instante privado en la vida de esa persona que alguien grabó, y lo hizo público, pasan años y esa persona está buscando un trabajo, esa persona quiere vivir, y cualquier persona que busque esa información va a encontrar eso en el internet. Ya existen algunos países que trabajan en el derecho al olvido, es decir, que se tiene derecho a que esa información que la persona no subió, no promovió, y que no desea que sea público, y quiere que se quiten las redes.

También, dentro de este mismo enfoque, podemos ver, cómo va adaptándose este derecho a esta privacidad de las personas, hasta llegar a temas también de pudor, en donde podemos encontrar también delitos al honor, o al pudor, cuando son afectados.

- Espíritu indómito

  Hay una parte dentro de cada persona que busca experimentarse, que sale de una u otra forma a la luz, sin importar lo que la vida ponga de dificultades. Vivir en sociedad o comunidad, implica cumplir con las normas básicas de convivencia, con las leyes y las reglas establecidas para la paz social. Este aspecto es básico para el respeto a los demás y a nosotros mismos, cuidando la dignidad de todas las personas.

  La cultura busca unificar a una comunidad con comportamientos adecuados y aceptados, que crea la idea colectiva de que mientras se esté dentro del patrón establecido, la persona estará bien y sin conflictos.

  Lo mismo sucede dentro de las familias, por ejemplo, dentro de una familia donde la mayoría de sus miembros sean artistas existen comportamientos o actitudes aceptadas, que quizá no se acepten en una familia que por ejemplo sean empresarios, dedicados a la dirección de sus empresas, porque tienen objetivos distintos que cuidar y proteger.

Y cada persona vive en entornos específicos, que pueden propiciar la libertad de la manifestación auténtica del ser, o que puedan propiciar lo contrario, el control y la represión de lo que se es.

Las personas reciben controles, globales y locales y familiares, pero la forma en que percibimos ese hace la doferencia. Porque si percibes que los controles externos limitan tu potencial, y lo que buscas para tu propia vida, sentirás la necesidad de luchar, pelear, y buscar la forma de ser tú mismo.

Aquí es donde a veces el espíritu indómito puede verse como algo negativo o como algo positivo, porque si la persona para ser ella misma necesita romper con paradigmas o conductas aceptadas, existirá entonces un roce que no puedes evitar con lo ya establecido, y no será fácil para los otros. A veces la lucha no es social o tan grande, quizá la lucha solo sea en el entorno familiar.

Tener un espíritu indómito significa ser fiel a si mismo, buscando la felicidad y los anhelos personales, las metas en la medida de la propia convicción. Tener un espíritu indómito significa tener libertad y no detenerte ante influencias externas negativas con el firme propósito de seguir adelante con los objetivos propios.

En el taekwondo, existe el concepto de espíritu indómito para referirse a un principio que determina el uso justo de sus conocimientos, en donde buscan cortesía, integridad, perseverancia, autocontrol y el espíritu indómito, y significa que se tiene el conocimiento de la técnica para que en casos de que se agoten todas las formas y se requiera proteger o defender, se pueda usar la técnica con precisión para ello.

Muchas personas necesitan conectar con ese espíritu indómito que ahí está dentro, que los ayude a soltar lo que los detiene para ir hacia su propósito y unirse a la energía indómita de, por ejemplo, las olas del mar, que no se pueden controlar. La fuerza de un huracán que no se puede parar. La luz que nos envía el sol que no se puede detener.

Apelar al espíritu indómito para poder seguir adelante ante las dificultades implica el uso de fuerza, valor, coraje, ímpetu, impulso, fortaleza aunado a la bondad, la amabilidad y la serenidad para vivir la vida con dignidad y con propósito propio.

- Eutrapelia

La eutrapelia, que algunos la conocen como la virtud olvidada, porque a veces se nos olvida que podemos volver esta virtud de un hábito de nuestras vidas, que puede ser algo continuo, algo que esté ahí presente, y que lo hagamos de forma natural.

Es la virtud de la diversión, y el entretenimiento, es como el punto medio, de hacer un hábito de la diversión, de disfrutar, de reír de vivirla vida con humor, con alegría, pero con moderación, es decir que no se llegue al exceso, es esta virtud de divertirte moderadamente.

Como sociedad siempre, y a lo largo de la historia, nos ha llamado mucho la atención, tanto como sociedad, como individuos, la diversión, siempre a lo largo de la historia, todas las sociedades han tenido actividades lúdicas, y las podemos ver, por ejemplo, en los juegos, en el teatro, en el canto, como espectáculo y en muchas otras formas, que cada sociedad ha encontrado, para el esparcimiento, para el descanso, y para las actividades colectivas.

Aristóteles nos habla de esta virtud de la Eutrapelia en su libro de ética nicomáquea y también Santo Tomás la trata en sus escritos, ambos nos hablan de esta diversión sana, porque ubican a la Eutrapelia, como una recreación honesta, inofensiva, y que se hace con templanza.

Aristóteles nos dice nos decía, por ejemplo, que en la vida debe haber momentos también, para el descanso, en donde nos podemos por ejemplo distraer con bromas, y ese es un punto medio, que está entre que las personas se rían de una broma, y de algo gracioso, a burlarse de alguien, porque eso, ya sería un exceso, por eso es como el punto medio, reírte, hacer las situaciones graciosas, sin dañar a otro, sin afectar a nada, ni a nadie, este es este es el equilibrio de la diversión, por eso cuando una broma es graciosa, te hace reír, y no daña a alguien, entonces es una virtud, y no un exceso.

Aristóteles denominaba a los que hablaban con exceso, o hacían estas bromas con exceso, les decía bufones, o vulgares, cuando llegaban a ese extremo, y por ejemplo si utilizaban palabras, y groserías, o palabras vulgares, entonces también decía, patanes, la palabra que se expresaba hoy, pues hay muchas otras formas, en que podemos encontrar forma de expresar esto.

Las personas que tienen esta habilidad de hacer bromas, y hacer reír a otros, tienen mucha inteligencia, y tienen la habilidad de ser ingeniosos, y creativos, y mucha agilidad de mente, porque hacer bromas tiene su dificultad, pero como decíamos, usando este ingenio con tacto, para saber, cómo, y cuándo decir las bromas, porque algo, gracioso para un grupo, a lo mejor no es gracioso para otro, o en el momento con las personas con las que estás, es decir, también debemos de saber cómo hacer las bromas.

Por otro lado, pienso que esta virtud es muy necesaria en la vida, porque cuando utilizamos el humor, podemos relajarnos, podemos quitar todo eso que nos está tensando, porque estamos viendo algo así muy terrible en la vida, y de repente nos reímos de eso, y ya deja de ser tan difícil, deja de ser tan grave, deja de ser tan complicada la situación, y lo podemos percibir como más suave, como más amable, por lo tanto el humor nos ayuda a sortear la vida las dificultades, las complejidades de la vida.

También podemos ver que, hay muchas personas que no tienen una forma de encontrar un espacio para el descanso, un espacio para sí mismas, un tiempo para reír, y para bromear, o simplemente disfrutar de la vida, es algo que es muy común, en dónde estás todo el día trabajando con horarios, planes, juntas, indicadores, hijos, padres, familias, parejas, todos necesitan tiempo, y no se ponen límites y como decía Aristóteles siempre hay un tiempo para el descanso, y para la diversión, y realmente si lo necesitamos, parar un tiempo, y detenernos para relajarnos.

Después de los años de pandemia, sabemos la importancia de socializar, de ver a otros, de estar con alguna persona, de compartir, ya deseamos hasta minutos, poder por lo menos sentarte con alguien a platicar, que era tan normal, hoy se valora de una forma muy distinta. La eutrapelia puede ayudar a la personas a sobreponerse a la realidad. Hoy se sabe la importancia de la felicidad en la salud física y mental de las personas.

4.3. EL AMOR EN SUS DIFERENTES EXPRESIONES EN LA SOLUCIÓN DE LOS CONFLICTOS

Los griegos identificaron cuatro clases de amor, que son el eros, filia, storage y ágape. Siendo el amor lo que mueve y explica al ser humano.

Eros representa el amor pasional y erótico, incluye el deseo del placer y el deseo de vivir. Es un amor romántico, pasional e impulsivo. Esto implica atracción física e instintiva mediante la idealización del momento mezclando deseo y atracción sexual. Y su búsqueda puede incluir algún nivel de dolor, porque el placer es efímero.

Porque cuando se desequilibra el eros, puedes sufrir por apetitos posesivos, obsesivos o adictivos. Y las personas se exigen uno a las otras muchas cosas, porque el placer viene del otro, se basa en recibir, entonces, si no recibes lo que deseas o esperas, hay recriminación y discusiones y expectativas, con el amor eros puede haber días buenos y días malos, según recibas o no recibas lo que tu apetito te pide.

La filia es contrario al eros porque es un amor desinteresado, como el vínculo entre amigos, busca el bien para ambos, hay compañerismo, te alegras de que el otro sea feliz, con este amor todos los días son buenos, nada le exiges al otro, se trata de estar ahí y compartir la vida, resiste a la corrupción de otras emociones.

El storge es un amor parecido al de padres e hijos, es un amor que protege, que se compromete, es un amor que crece con el tiempo y requiere dedicación y se construye con lealtad.

El ágape, es el amor más puro e incondicional que existe, es un amor que nutre, generoso, espiritual que busca lo mejor para el ser amado, se basa en dar amor, suave, tierno, dulce, amable. Es amar con compasión.

En una relación de pareja se viven las cuatro formas de amor, porque el eros es necesario para la atracción física, para unir a la pareja, pero la permanencia requerirá de filia para que tengan armonía como amigos con intimidad emocional, necesitarán del amor storge para formar la familia, para unir a los hijos, pero es el amor ágape lo que bendice esa unión y a esa familia que forman.

Esto nos permite entender que es muy fácil perder el equilibrio entre las diferentes formas de amor, y cuando uno falla, los otros compensan, pero es importante seguir siempre buscando el equilibrio.

Los conflictos cotidianos y la resolución de estos desgastan a las personas y las llevan a momentos de indiferencia, desacuerdo, desinterés, caos y dolor. Y los diferentes amores pueden ayudar a recobrar la serenidad y a regresar a la relación a un estado positivo para el bien de la pareja.

Comprender esto nos puede dar luz a cómo los griegos siguen aportándonos conceptos que siguen siendo actuales y aplicables ahora. Podemos integrar este conocimiento a nuestro propio entendimiento para saber porqué nos comportamos o reaccionamos de maneras que quizá no comprendemos, pero que podemos llegar a entender.

El amor incondicional, es una de las cosas más intensas que podemos experimentar los seres humanos, es sentir amor, tanto el amor que damos, como el amor que recibimos, es muy fuerte para nosotros este sentimiento, y esta emoción, y es uno de los primeros sentimientos que tenemos al nacer, porque esta primera experiencia, de sentidos los amados.

Por ejemplo, por la madre, por el padre, tiene una gran profundidad, e impacto en nuestras vidas, a veces esta figura puede no estar, a lo mejor no está la mamá, pero hay alguien que suple, como una tía, o una abuela, o a veces no está el papá, pero hay un abuelo, un tío, que puede dar esta sensación, y este amor incondicional que podemos recibir al nacer, que nos da todos los primeros apegos que se necesitan para poder seguir avanzando, poder seguir creciendo, evolucionando.

A lo largo de la vida se experimentan poco a poco nuevos y más intensas emociones en relación al amor, cuando llegan, los amigos, las amigas, es muy fuerte en la pubertad, y en la adolescencia, porque sientes que los amigos son hasta más importantes que tu familia, es un amor que se va intensificando por estas amistades, y luego llega el amor de pareja, esas primeras experiencias de sentir amor, especial hacia una persona, y así como es de intensa estas primeras expresiones de amor de pareja, podremos recordar que, la sensación del primer desamor, cuando entendemos, y comprendemos, es durísimo el desamor, se siente físico, el cuerpo te duele, te duele el alma, el corazón, todo te duele cuando sientes ese desamor, porque como les decía son emociones muy intensas.

Y así vamos avanzando, vamos creciendo, vamos teniendo experiencias de amor, hasta llegar a la vida adulta, y ahora ya, en este punto, cuando la persona es adulta, puede sentirse sin amor, sin aceptación.

Las razones pueden ser muy diversas, expectativas muy altas no cumplidas, decisiones que llevaron a relacionarse con personas que no las aman de la forma esperada. Creando un desequilibrio entre dar y recibir afecto. En este aspecto es importante que la persona trabaje en la gestión de sus emociones y en el amor incondicional como una herramienta básica de equilibrar la percepción afectiva.

Crear el hábito de amar a los demás y aceptar el amor así como los demás pueden darlo, desarrolla la capacidad de gestionar mejor los conflictos porque no se parte de un vacío afectivo.

El amor es una necesidad para el ser humano, sentir que se es una persona amada por otras personas, se necesita el amor de otros, y también es importante ejercer el amor, es decir también necesitamos amar nosotros, ser quienes proveamos a otros, y a si mismo.

Algunas formas de trabajar en la búsqueda del equilibrio afectivo son mediante el perdón, que ayudará a corregir la idea de estar equivocados, de haber fallado, de juicio personal; el cuidado de las palabras pensadas y pronunciadas, porque nos ayudará a corregir la violencia a sí mismos mediante el juicio a través de pensamientos agresivos; la aceptación que ayuda a corregir la idea equivocada personal, a excesiva auto exigencia y la falta de cuidado y descanso; la amabilidad que ayuda a corregir el dolor de recibir palabras que causan dolor emocional y por último los límites, que ayudan a corregir las fallas en la dignidad por haber permitido tratos no adecuados.

Y como décimo punto, hay que tomar una decisión, de amarse, con una ilusión renovada por ti mismo, donde puedas disfrutar del presente, de estar aquí en la vida, esperando con alegría el futuro, sabiendo que todo lo que viene es positivo, porque tú lo creaste para ti, y estar contento con la idea de futuro.

Porque si pensamos que pasamos el 100% de nuestro tiempo con nosotros mismos, creo que sería bueno, y buen momento de que empecemos a agradarnos a caernos bien y aceptarnos.

Capítulo 5

La narración como verificador de cambios en el afecto

5.1. CONTAR LA HISTORIA COMO EXPRESIÓN DE LA PERCEPCIÓN DEL CONFLICTO

Es importante que nos demos cuenta de que detrás de todo lo que hablamos, existen conceptos, y una malla mental propia que filtra lo que percibimos y entendemos del mundo. Lo que hablamos deja ver el rastro de lo que hemos estado sintiendo y viviendo.

Por lo que cada concepto del que hablamos está cargado de emociones, de ideas previas, de una carga de sentimientos que quizá no controlamos totalmente. En ocasiones esta carga incluye a las creencias familiares y las creencias colectivas, al incorporarlas a la experiencia vivida.

Por ejemplo, pensemos en el caso de una mujer en cuya familia las mujeres han sido sistemáticamente abandonadas por sus parejas, aún en varias ocasiones cada una, existiendo una idea familiar de que los hombres abandonan a las mujeres y que ese es el destino más posible para ella, debido a su aprendizaje. Entonces si nos cuenta que va empezando una relación, puede decir algo como: acabo de conocer a mi pareja, tenemos poco tiempo de relación, vamos a ver si podemos durar y si se queda a mi lado.

Ahí vemos una carga en la forma en que relatamos el mundo, que nos da pistas de qué cosas estamos percibiendo, porque en esa relación del ejemplo, no hay daño, todo es lindo, hay amor, anhelo, hay emociones positivas, pero ella ve como posible un destino catastrófico.

Estas ideas previas familiares o culturales, pueden no ayudarnos en lo que elegimos vivir, por eso es importante hablar de nosotros, pero también necesitamos escuchar lo que decimos. Porque nuestra propia narrativa nos da idea de las creencias que mueven nuestro criterio o experiencia expresada.

Si no somos muy buenos indagando en nuestras emociones y auto analizarnos, el entorno cultural, familiar y social va a dictar la manera en la que actuemos y pensemos sin posibilidad de un raciocinio crítico, estas narraciones que hacemos nosotros de cómo vemos nuestro mundo y realidad, nos dan una clara idea de cómo vemos nuestra realidad y entorno, convirtiéndonos en personas menos individuales y más influenciables en cualquier aspecto.

Una vez que una persona puede de entenderse a sí mismo, al comprender las emociones, los sentimientos o recuerdos que se encuentran en la narrativa de su realidad, su pensamiento crítico como su forma de ver el mundo va a cambiar por completo, creando una persona que no se dicta por su realidad, entornos familiares o culturales, esa persona no solo va ser libre en sus pensamientos si no lo más importante, va a ser el mismo.

Podemos encontrar el caso en que una persona siente que tiene muchos problemas y dificultades, y cuando habla de sí misma no menciona nada, dice que todo es positivo y divertido, esto lo vemos mucho en redes sociales, en donde las personas sufren, pero muestran imágenes divertidas y donde se muestra la felicidad.

En este caso, la narrativa no coincide con las emociones, y sentimientos vividos, sino que se muestra una pantalla irreal, en este caso también nos puede decir que hay una parte de la narración oculta, y se necesita encontrar el motivo de lo que no queremos ver lo que se está viviendo.

Entonces, los relatos de lo que somos nos puede mostrar muchas cosas, como lo que pensaban nuestros ancestros, lo que piensa la comunidad, lo que piensan las personas cercanas, lo que se desea ver en futuro o lo que no quieres en ese futuro, lo ideal, y la cosmovisión de la persona que se expresa, y un poco de lo más importante que es la vivencia presente, de lo que se ha elegido vivir.

Si algo de tu propio relato da suficientes pistas de qué cosas se pueden trabajar en ti, no lo eches en saco roto, atiende eso que has notado… atiende lo que quieres mejorar de tu percepción, en aspectos que estén a tu alcance, sobre lo que tienes control y que puedas modificar, y sobre lo que no tienes control, puedes elegir cambiar la forma en que eliges verlo.

Por ejemplo, si sientes que tu entorno es inseguro, no podemos cambiar eso, pero si puedes cambiar a una mejor percepción, pasar del escenario fatalista en donde es posible que algo malo te suceda en la calle a una percepción de soy una persona muy cuidadosa cuando estoy fuera de casa y siempre me mantengo segura y a salvo... en esa percepción regresas a tener un poco de control y te ayuda a asegurarte de cuidar los aspectos de tu propia seguridad dentro de las posibilidades.

Es importante que no solo hables de tu relato si no también escucharte a ti mismo, para que puedas entender con claridad porque narras tu relato de la forma en que lo haces, tu como persona también es necesario que dejes que otras personas puedan dar su retroalimentación respecto a tu relato para que tengas una idea más clara y más opciones a la hora de pensar críticamente sobre las interacciones dentro de la relación de la cual estás contando en tu relato.

La retroalimentación y el autoanálisis siempre te van ayudar a tener una gama más amplia de opciones en la toma decisiones en cualquier aspecto en tu vida, abriéndote a poder recibir información y aprendizajes de una manera más eficiente, como también deliberar con mayor eficacia y exactitud tus pensamiento y relatos de tu narrativa.

Tu relato siempre va a ser importante y siempre lo que tengas que decir va a ser valioso, la narrativa siempre va a tener una función y es entender tu perspectiva de la cosas, la forma en la ves tu realidad y tu situación, en este caso tu relación laboral, familiar, o amorosa, siempre tienes que tener en cuenta que como para ti es importante tu narrativa de tu relato, para los demás también es importante la suya, por lo que es importante que tu te des cuenta de la situación en global en la que estás y utilices tu herramientas como autoanálisis, retroalimentación y pensamiento crítico para encontrar una solución al problema.

5.2. LA IMPORTANCIA DE LA NARRATIVA EN EL PROCEDIMIENTO DE MEDIACIÓN

La narrativa que cada uno de los mediados desarrolla en el proceso de mediación deja el rastro al mediador, de todas las emociones que está experimentando y de las situaciones que fueron marcando su percepción de la realidad.

Durante la narrativa el mediado expone diferentes elementos que deben ser considerados, los hechos que inician con un punto que es el parteaguas de la historia, donde define el inicio de su conflicto, agregando hechos que van dando estructura al conflicto. Es importante ir reconociendo estos hechos porque son bloques importantes en su vivencia, por lo que elaborar una línea del tiempo con los hechos que definen la estructura del conflicto, ayudará a la compresión del conflicto desde la perspectiva del mediado.

Otro aspecto que se añade a la narrativa, son las emociones asociadas a cada hecho. Es decir que junto a cada hecho se encontrará una serie de emociones que van dando un sentido de problema al hecho.

También en cada hecho se puede encontrar en la narrativa la evolución de los sentimientos, las personas en general reconocen y nombran poco sus sentimientos, así que lo más común es encontrar que van explicando la evolución del sentimiento, más que describir nuevos sentimientos.

Este aspecto es importante porque permite establecer como va percibiendo el deterioro de la relación. Al ser un conflicto lo que, de narra, es común encontrar niveles de ira, frustración, miedo o sentimientos de rechazo o abandono. y la narrativa va marcando la evolución de estos.

Otro aspecto importante es la percepción del otro, que parte de una idea inicial, que va empeorando con el avance de la narrativa, por lo que se puede trazar un diagrama de como el conflicto ha ido creando velos negativos sobre el otro.

Este aspecto es importante porque al venir trabajando cada elemento, es importante que la persona vuelva a percibir al otro como lo hacía antes del conflicto, quitando los velos de percepción errada.

La narrativa es el principal elemento para el mediador para hacer el mapa general del conflicto estableciendo el origen, los participantes, los hechos determinantes, la evolución de emociones y sentimientos. Lo que será una guía para el desarrollo de la mediación.

Porque la forma en que los mediados pueden mostrar su experiencia es a través de la narrativa de los hechos donde puede expresar todos los elementos anteriormente mostrados.

5.3. LA TRANSFORMACIÓN DE LA NARRATIVA COMO MEDICIÓN CUALITATIVA DE LOS CAMBIOS EN EL AFECTO

La narrativa es el elemento clave que permite al mediador ver los cambios en el mediado durante el proceso, porque inicalmente en su primera narrativa muestra la expresión más alta del conflicto, porque se le permite describir los hechos y muestra su mayor nivel de percepción del propio conflicto.

Durante la mediación, los mediados van escuchando al otro, van resolviendo aspectos del conflicto, y su narrativa está viva. El mediador puede ir observando como poco a poco van relajando las posturas, van aceptando la realidad del otro, lo que permite establecer los cambios que van percibiendo los mediados respecto al conflicto.

Es importante que el mediador pueda reconocer la importancia de prestar atención a la narrativa, porque le ayuda a conducir el proceso de mediación, al tener un termómetro de las emociones y sentimientos de los mediado.

En las últimas conversaciones previas al cierre de la mediación y antes del acuerdo, el mediador puede hacer una revisión de la forma en que los mediados se expresan en relación con el conflicto, y puede entonces verificar como ha cambiado la narrativa.

El cambio positivo en su narrativa es el indicador del éxito de la mediación, porque determina cambios en la percepción de la realidad y del conflicto por parte de los mediados.

Capítulo 6
Valor de la neutralidad en el procedimiento de la mediación

6.1. PANORAMA TEÓRICO DE LA NEUTRALIDAD

La vida humana es un conjunto no lineal y desorganizado de prácticas que se forjan a lo largo del tiempo. Tales prácticas terminan regulando de una manera u otra el pensamiento y el comportamiento humano en todos los niveles. Y a partir de ahí, se regulan los parámetros y se moldean los sentidos del bien o del mal en las costumbres y tradiciones.

Las costumbres se consolidan en prácticas que se han perpetuado y que se convierten en cierto nivel de parcialidad. Las tradiciones pueden derivar originalmente de costumbres o aún pueden inventarse, generando, de manera muy similar, niveles de parcialidad.

Esta distinción entre costumbres y tradiciones es importante, ya que muchas veces la falacia de la igualdad de uno u otro termina forjando vidas y formas de vida. Termina definiendo destinos para personas, familias, países y sus pueblos.

La mayoría de las veces, las costumbres se prestan a los líderes religiosos y las creencias que literalmente sacramentan de ellos el comportamiento de una legión de personas preventivamente sus propias vidas.

Y para afianzar las costumbres, se crean o forman tradiciones que terminan ratificando su grado de correcto, incluso con mecanismos artificiales. Las tradiciones a menudo se inventan con este propósito, lo que nos lleva a pensar que las costumbres y tradiciones humanas ofrecen una visión parcial de la verdad en la percepción. Al ser algo aceptado de forma colectiva.

También podemos entender la idea de neutralidad de la acción externa del ser humano a algún nivel de interacción de la misma práctica o dogma, por ejemplo, al realizar cualquier juicio, desde el más simple hasta el más complejo. Un padre al juzgar la elección o práctica del niño, especialmente cuando es diferente de sus propias opciones. O incluso un juez que decidirá, basándose en las leyes de un país o estado sin religión, el comportamiento de un ser humano que fue notoriamente influenciado por ella. Por ello, es importante explorar la neutralidad, porque el ser humano es, en esencia, forjado con niveles más pequeños o altos de influencias diversas.

El hecho es que, si mantenemos la neutralidad como un elemento único, cohesivo que responde por la forja y los pensamientos previos del ser humano y también sus acciones y omisiones hacia la realidad social y otros seres humano. Estaremos ante un concepto de neutralidad sí, pero con cierto nivel de identificación propio del ser humano, o al menos valores, signos e identidad que tiene.

Por tanto, tenemos la opción de recurrir a un posible concepto de neutralidad, pero reconociendo que hay elementos mínimas y originales, intrínsecos a los seres humanos que permanecen. Pensar en algo diferente sería pensar en un ser humano sin "vida animada", en el sentido más puro de la idea, es decir, sin algún tipo de fuerza inicial de movimiento de pensar y actuar, equivalente a un juguete sin pila.

También existe la posibilidad de recurrir a la idea de que la teorización de la neutralidad no implica necesariamente una neutralidad absoluta y que por lo tanto, cuando hablamos de la neutralidad del ser humano frente a otro ser humano, estamos hablando de su capacidad de pensamiento y acción con otros seres humanos y con el propio planeta sin sus conceptos previos, sin sus preconceptos.

Ahora bien, los seres humanos no son en su esencia inanimados. Tienen su propia animación, sea lo que sea. Se deriva más de la influencia de su *ethos* de origen, ya sea de su *ethos* y de sus grupos de toda la vida. Difícil, por tanto, si se piensa en una neutralidad primaria, robótica y lineal, hacer que llueva o haga sol, frío o calor, sequedad o humedad.

Es por tales razones y percepciones que debemos comprender las limitaciones de las actividades humanas para tener, en esencia, una neutralidad primaria y completa. De hecho, algunos exigen precisamente el conteo, porque de lo contrario, los seres humanos no podrían llevar a cabo tales actividades programadas. Por ejemplo, un sacerdote no es un ser humano neutral en su vida personal y profesional. Depende de muchos, pero muchos dogmas teóricos, costumbres y tradiciones.

También un soldado activo en defensa de los intereses de un país. No es neutral, no se espera que sea neutral. No quieres que sea neutral. Por lo tanto, la idea de neutralidad no siempre es un ideal o meta que debe buscarse en todas y cada una de las actividades del pensamiento o la acción de los seres humanos.

A quienes prefieren referirse a la deseada neutralidad en algunas actividades humanas, la más externa y periférica que dictará la relación del ser humano A con su entorno y con los seres humanos B como un ejercicio más autónomo, alejado del concepto de neutralidad estática y que llamamos imparcialidad.

Por la idea de imparcialidad, se juzga la capacidad del ser humano para lidiar con sus pensamientos y acciones en el entorno social en el que interactúa sin cargar, sin cargar sus valores, costumbres y tres adiciones. Es, en opinión de muchos, algo todavía difícil, pero más factible de poner en práctica y también de cargarse socialmente.

Por ejemplo, alguien que por valores, costumbres y prácticas religiosas tiene una posición contraria a la interrupción del embarazo en el caso del aborto por voluntad de la mujer. ¿Cómo manejará un caso si es abogado, fiscal o juez? ¿O incluso el médico asignado para realizar el acto quirúrgico, cuando esté debidamente permitido?

Otro ejemplo, ahora menos regulado. ¿Cómo debe reaccionar un ser humano cuando se le pide que mantenga un secreto familiar? No hay necesariamente una violación legal, sino más bien una cuestión más moral. Si es reacio a las mentiras, se comportará de una manera, si no, de otra. ¿Cuál sería lo adecuado en neutralidad?

Por tanto, en el caso de discusiones sobre el panorama teórico de la neutralidad, las opciones son muy claras y deben evaluarse en el momento de las actividades que los seres humanos desarrollan en su vida social.

En los casos en que se desee la máxima neutralidad, además del libre albedrío de cada ser humano, es necesario que la regulación normativa de la actividad o ethos no solo ratifique la idea sino que realice las acciones necesarias para, siendo posible, instruir, empoderar, capacitar y supervisar la acción humana en dicha actividad.

Habrá casos en los que se tolerará la neutralidad entre los propios seres o grupo. Son ethos sociales con derechos e intereses más libres y libres, no necesariamente regulados por el Estado.

Habrá casos en los que la neutralidad no será tolerada sólo entre seres o grupos. Son ethos sociales con menos derechos e intereses disponibles y con un mayor grado de regulación estatal.

Y habrá casos en los que simplemente no se preocuparán por la neutralidad porque, por el contrario, querrán que las personas sean justamente no neutrales, ni imparciales (si lo fueran), porque los pensamientos y acciones sociales de ese grupo de seres humanos y su *ethos* son realmente experimentados por dogmas, valores, costumbres y tradiciones propias.

Como se puede ver a través de la ventana de la vida humana en la antigüedad, en la Edad Media y desde la Edad Moderna, la neutralidad tiene diferentes perspectivas y aplicaciones según los intereses de los seres humanos, sus valores, costumbres y tradiciones.

Querer hoy, ayer o anteayer elegir la neutralidad como correcta o incorrecta de manera lineal, sintética y generalista es querer establecer estándares, parámetros de predicción y control en actuaciones que no tienen, en su origen y resultados estándar, no necesariamente como imaginan.

Los seres humanos viven en sociedad con diferentes niveles de interacción, golpes, pasos en falso, recomposiciones, etc. Es deseable que la libertad dure. Es deseable que la plasticidad de los modelos concebidos por aquellos que buscan emparejar linealmente a todos no logre las características más personales de neutralidad de una manera única, sino más bien adecuada a cada papel desempeñado por los seres humanos en el mundo social.

Como ya se mencionó anteriormente, quien no quiere un sacerdote neutral de la doctrina de la Iglesia, o un abogado neutral de la defensa de su cliente, o un padre y una madre neutrales en las decisiones difíciles e importantes de la vida cotidiana.

Y, en el caso específico de este trabajo y capítulo, necesitamos entender qué se espera de la neutralidad del mediador, el que actúa en la construcción o reconstrucción de vínculos de comunicación entre los seres humanos.

Para la mediación y, específicamente para el mediador, ¿qué papel proporciona mejor la neutralidad a la actividad mediadora? ¿Es el mediador no neutral, incluso si busca certeza de lo que imagina que es mejor o de acuerdo con la "ley"? ¿Le corresponde a él evaluar tal evaluación?

6.2. LA NEUTRALIDAD EN EL MEDIADOR

Hablar de neutralidad del mediador es, sobre todo, hablar de mediación, entendida, así como un método técnico que puede ser más o menos apropiado para la solución de diversos conflictos entre los seres humanos y sus diversas formas de relaciones y organizaciones, como las relaciones familiares, las corporaciones, las relaciones con el Gobierno, las escuelas, el trabajo.

A pesar de algunas (o muchas) restricciones legales en algunos países, la mediación tiene puertas abiertas para todas las relaciones originadas en el ser humano A con el ser humano B y sus derivaciones. Incluso en casos controvertidos en los que la relación original deriva de la violencia, con algunos parámetros y quizás ajuste de objetivos, la solución puede venir a través de la mediación.

Nos encontramos entonces ante un método con disposición legal en el ordenamiento jurídico de un número importante de países como una de las posibilidades de tratamiento o resolución de conflictos entre seres humanos y también (según cada país) con las autoridades.

Por tanto, es posible analizar la mediación desde un aspecto más macro, sin estar necesariamente vinculado al modelo y ejercicio de la mediación en un lugar específico, para verificar cómo puede y debe actuar el mediador, cómo se organiza la mediación, cómo se les invita o buscan particulares e incluso las autoridades.

El análisis de la mediación desde tal perspectiva permite una mayor libertad de análisis, más cercana al mundo del deber que, por supuesto, al mundo normativo, que proviene de la ley ya llena de límites, prohibiciones y marcos diversos debido a intereses también muy diversos.

El análisis de la mediación desde una perspectiva más normativa y centrada en un modelo o sistema propio de un país, por regla general, estará vinculado a la idea, al lugar de un método validado para actuar en lugar o en conjunto con la Jurisdicción del Estado, generalmente ejercido por jueces y tribunales vinculados a las autoridades.

Por tanto, para fines metodológicos de este trabajo y para que los lectores no se preocupen por los vínculos locales, regionales, nacionales o internacionales, la mediación será tratada más macro, aunque podamos (y debemos), invocar y señalar normas legales de las más variadas sobre el tema.

La referencia normativa no vincula la escritura sobre mediación y necesariamente el análisis más detallado de la neutralidad del mediador. Sólo permite al lector situarse en u otra norma jurídica y validar que, a pesar de la diversidad de modelos, la mediación tiene una línea maestra que requiere del mediador con determinadas características.

Volviendo a la idea de neutralidad. ¿Cuál es su identificación en el papel del mediador? Para responder a esta pregunta, tratemos de averiguar quién es el mediador, de dónde viene, cuál es su formación básica, está vinculado a un espacio público o privado o funciona por sí solo.

Comencemos por tanto el análisis de la neutralidad del mediador por un primer criterio técnico y normativo: su origen.

6.3. NEUTRALIDAD POR EL ORIGEN DEL MEDIADOR

El mediador no es un extraterrestre para el comienzo de la conversación. Él está entre nosotros. Vive, respira, se despierta, duerme, se alimenta, se instruye y trabaja. El mediador sigue siendo una persona humana, aunque ya tenemos actividades de mediación y otros medios de resolución de conflictos con la ayuda de la inteligencia artificial y muchos pasos.

El mediador es un ser humano, una persona que, cuando esté en la actividad de mediación, buscará con método y aplicación de la técnica, facilitar la comunicación entre los seres humanos o sus representaciones corporativas.

Por tanto, es una figura que tiene el potencial de llevar sus emociones, su historia y los preconceptos formados sobre prácticamente cualquier tema. Si se nace, por ejemplo, en una ciudad de más calor, tendrás la sensación de calor tan predominante y de frío como excepción y viceversa.

No es una cuestión de si es mejor o peor, correcto o incorrecto, sino simplemente un reconocimiento indirecto de un sentido, un sentimiento, hecho o acto y su valor para esa persona.

Hemos mejorado el ejemplo. Si naciste en una familia católica y, por tanto, te formaste religiosamente, traerás el marco del Vaticano sobre tu espalda. Una vez más, uno no discute el objeto del conocimiento aprendido, sino si existe o no.

Así, si los mediadores no son extraterrestres y no son única e independientemente fruto o producto de la inteligencia artificial, no hay necesidad de hablar de la ausencia de contenido en el cerebro del mediador y mucho menos de su no uso.

La neutralidad del mediador, desde esta perspectiva, no se basa única o exclusivamente en el origen del mediador, su *ethos* y su formación, porque, de lo contrario, sería mejor decir que no habría tal neutralidad, ante el marco lógico, racional y práctico de la esencia misma de la vida humana.

El origen del mediador puede ayudar a depurar aristas, ajustar los equilibrios necesarios para el procedimiento de mediación según cada caso concreto, aunque no significa, de una vez, automáticamente, una violación de la neutralidad. Esto dependerá del propio mediador y de su actuación.

Veamos entonces algunas posibles fuentes de mediadores y evaluemos posibles aspectos del componente de neutralidad en el campo de la mediación. Con esto, será posible mirar, en la realidad práctica, a posibles problemas y enfrentar posibles soluciones a los ajustes.

Un primer origen de los mediadores se encuentra en el propio espacio público que ya está históricamente dedicado a la resolución de conflictos. Hay mediadores que son seleccionados de la junta de servidores y ex jueces e incluso jueces en actividades.

En el modelo de mediadores del Poder Judicial, como ocurre, por ejemplo, en el Tribunal Laboral de Brasil, que tiene su personal de mediadores de la estructura ética del propio Poder Judicial. Imaginar, por lo tanto, la neutralidad de estos mediadores no es muy difícil. Será una neutralidad de quienes han trabajado o siguen trabajando en un espacio público, destinado a resolver, por ley, orden y a través de decisiones judiciales, los conflictos de las personas.

La neutralidad de los mediadores de este medio es una neutralidad propia. Inherente al ámbito judicial y ciertamente los llevará a comportarse neutralmente en estos términos. Esto no significa que no serán imparciales en la forma en que practican la mediación. Estas son cuestiones distintas que se abordarán en el momento oportuno de este trabajo.

Imaginar que los mediadores del Poder Judicial traen un estándar de neutralidad idéntico a otro grupo de mediadores, por ejemplo, de las escuelas de psicología es imaginar que los seres humanos viven años y más años en entornos externos y que tales entornos no configuran los límites de su neutralidad. Es una plasticidad artificial y no inherente a la condición humana y cuando hablamos del procedimiento de mediación en sí se abordará el tema.

Imaginemos ahora, este otro grupo, formado por mediadores psicólogos y que salen de la universidad o de sus consultorios privados, por ejemplo. La neutralidad de estos seres humanos como mediadores se diferencia del primer grupo, derivado de los funcionarios del Poder Judicial.

El grupo está primero más acostumbrado a conocer los conflictos en sus extremos, vinculados al proceso judicial, cuando se agotan (o incluso se intentan) medidas diferentes a la decisión judicial.

El segundo grupo está más acostumbrado a conocer los conflictos en su origen o incluso en el entorno más cercano al origen. El asunto aún no se ha desencadenado en la oficina del poder judicial. Está más en la esfera privada de las personas, las familias, etc.

En ambos casos se espera la neutralidad importante, pero es ilusorio imaginar que sus referencias de neutralidad son las mismas. Los ex jueces tienen diferentes prácticas y momentos, por ejemplo, para llevar a cabo intervenciones. Los psicólogos tienen diferentes prácticas y tiempos de ex jueces.

Ambos deben ser neutrales, pero el comportamiento mental y los tiempos de acción de ambos son complementarios y distintos. Esto tiene mucho que ver con lo que se dijo al principio de esta obra sobre el afecto en los primeros capítulos.

También hay un tercer bloque de mediadores, forjados en la vida profesional como abogados, abogados, fiscales, defensores del pueblo, docentes, investigadores y otros académicos que se dedicarán a la mediación después de años de experiencias a favor de la Justicia.

Este grupo tradicionalmente más ecléctico también aporta sus propias neutralidades. ¿Imagina al abogado que llega a conocer la mediación en medio de 20 años de profesión como activista de demandas? O el investigador en posición de doctorado que se dedica al tema. Todos, sin excepción, tienen sus propias neutralidades y se ponen en práctica en sus propios momentos en la práctica de la mediación.

El tema de la neutralidad trabajado aquí en abstracto es muy importante para garantizar una visión transparente de lo que ocurre en una mediación y sobre todo despertar la calma en la oportunidad que el afecto tiene en todo este contexto.

Neutralidad del mediador

Una primera provocación: ¿afectan las neutralidades diferenciadas a una acción mayor o menor del mediador en relación con su concepto de afecto, incluso en abstracto?

Los mediadores que tienen su neutralidad erigida en escenarios más cercanos o incluso internos a las actividades del Poder Judicial, el proceso o incluso otros espacios públicos de presencia de la jerarquía estatal han forjado su neutralidad allí.

Y los de la academia, incluso con toda una vida en derecho, academia, clínicas psicológicas. ¿Qué neutralidades traerán?

Y surge la pregunta, ¿tenían en la neutralidad la presencia del afecto como regla, como una posibilidad o como una excepción? Vea cómo puede tener diferentes puntos de neutralidad.

Neutralidad de las personas involucradas en la mediación

Una segunda provocación: ¿afectan las neutralidades diferenciadas de las personas involucradas en la mediación a sus percepciones abstractas y concretas del afecto?

Aquí, en cambio, ¿influyen en las posibilidades de la mediación propuesta los espacios experimentados por los mediados, por los seres humanos que llegan, invitados o invitados, para tratar de comunicarse mejor y resolver conflictos?

La respuesta positiva aparece naturalmente. Más de lo que uno puede imaginar desde un entorno controlado de mediadores, el espacio ocupado por los seres humanos que estarán listos en la mediación es mucho, mucho más plural.

Si imaginamos neutralidades diferentes de los mediadores, imaginemos a los intermedios. Y de nuevo, eso no significa que estén insinuando imparcialidad. No. Tal declaración no se busca automáticamente, pero ¿no se busca automáticamente la base para que surja el afecto?

La respuesta general aparece naturalmente. Un marco indefinido. Los entornos de conflicto familiar pueden haber arañado el afecto. Es posible que los entornos de conflicto empresarial ni siquiera sepan o imaginen que pueden usarse allí. Es la realidad tal como es, y es diferente entre los seres humanos.

Capítulo 7
La neutralidad en el derecho y su relación con la mediación

7.1. PANORAMA ACTUAL

El concepto de neutralidad ha tenido un largo proceso de evolución desde diversos frentes, en este capítulo analizaremos como el derecho internacional ha aportado las bases de su construcción a lo largo de la historia y de como podemos entender el concepto de la neutralidad desde un punto de vista ecumenico y universal, visualizando su operatividad como norma y como sustento de la gestiòn del conflicto, siendo la neutralidad parte sustantiva del exito de la transformación del conflicto y de como el mediador en su rol de gestor se mantiene incolume a los intereses de las partes y logran que se pongan de acuerdo.

Observaremos en este capitulo como es que la neutralidad vista desde lo general, vista como proceso de gestión, se adapta a la solución de conflictos particulares, logrando con esta evolución contribuior al desarrollo de los diversos modelos de mediación en especial al que hemos hecho referencia en esta obra, identificando de igual manera como es que sus elementos son operativos en ambos estadios, logrando que la experiencia general contribuya a la particular desde el interes y la individualidad de las personas involucradas en el conflicto particular, que tiene como principal objetivo lograr o recuperar su calidad de vida.

El derecho internacional se encarga de definir los acuerdos y las normas que regulan las relaciones entre los sujetos de derecho internacional, en el siglo XX aparecen también instituciones que se encargan de regular intereses interestatales internacionales e individuales que tienen como finalidad proteger los derechos, debido a las necesidades que van surgiendo por los cambios contemporáncos que se presentan en diversos Estados.

Existen situaciones muy diferentes de las que teníamos un siglo antes y otras que innegablemente siguen vigentes, algunos nuevos conflictos que tienen que ver con la evolución y el progreso tecnológico, debido a la aceleración de los periodos de transformación que hoy en día se aprecian muy claramente en el ámbito y en las sociedades internacionales de nuestros días, que plantean nuevas interrogantes y se hace un esfuerzo en conjunto con diversas instituciones tanto públicas como privadas para transcenderlos.

Algunos de los principales retos para las diversas organizaciones tanto públicas como privadas a nivel local e internacional tienen que ver con:

- La generación de mayores entornos de paz en el entorno social o comunidad,
- La salud y el bienestar holístico que engloba muchos aspectos como el desarrollo espiritual, emocional, personal, multicultural y físico,
- El medio ambiente tema de vital importancia, el cuidado al planeta que habitamos y a todos los seres vivos que forman parte de él, el cuidado de los recursos naturales, el desarrollo sustentable y sostenible y el calentamiento global.
- El desarrollo de nuevas tecnologías, la inteligencia artificial, el Smart work, las organizaciones con cultura y propósito compartido, los equipos de trabajo flexibles que permiten un nuevo paradigma de talento y capacidades, la cultura digital, los intercambios culturales Internacionales y la fomentación de vínculos amistosos.
- En el entorno social el intercambio cultural gracias a las plataformas digitales ha generado conexiones y vínculos a distancia, el intercambio cada vez es más rápido en contraste años y siglos pasados, generando sociedades más entendidas y multiculturales.

El derecho público internacional a lo largo del tiempo se ha definido de muchas maneras, lo que éste busca es que a través de un conjunto normativo, regular las relaciones entre sujetos de derecho internacional, pero debido a la aceleración de los procesos de transformación que se están viviendo en el ámbito internacional y en la sociedad internacional.

Por lo cual durante este siglo se vio el incremento y la aparición de instituciones y organizaciones internacionales que buscan proteger primariamente los derechos individuales en temas de derechos humanos, responsabilidad y de derechos y obligaciones de muchos sujetos sociales como organismos gubernamentales, empresas transnacionales y los grupos nacionales dentro de los estados.

Los sistemas normativos concebidos por todo tipo de relaciones internacionales deben mantenerse actualizados, debido a la interacción de las economías mundiales y tecnológicas, que es un factor importante como también el cambio de potencias económicas hegemónicas.

Es este siglo dónde los cambios de paradigma son una constante, pero también se puede observar que hay situaciones que de siglos atrás que se mantienen presentes, como las diferencias que existen entre diversos países, en donde los países neutrales que quedan inmersos por cuestiones geográficas se ven afectados en términos, culturales, sociales, políticos, económicos y comerciales, dejando incapacitados de sustentar sus economías y tránsitos por las situaciones antes puestas, afectando a miles de familias.

7.2. ORÍGENES DE LA NEUTRALIDAD EN EL DERECHO INTERNACIONAL

El Derecho Internacional tiene una relación con otras ramas de las Ciencias Sociales como la historia, la diplomacia, política internacional, economía internacional y teoría de las relaciones internacionales.

Este surge al producirse las relaciones entre comunidades sociales distintas, su historia se remota en términos históricos, filosóficos, morales y teológicos, antes que este tomara su lugar como ciencia jurídica.

La aparición de organizaciones internacionales, sociedades multinacionales, supranacionales o transnacionales ejercen una gran influencia a la vida internacional que buscan visibilizar las necesidades actuales en respuesta a lo que los Estados requieren y que el mismo Derecho trabaja en conjunto para dar respuesta.

Por lo cual, la aceleración de los procesos sociales es un fenómeno de nuestro tiempo y esta evolución será cada vez más rápida, en conjunto cambian un gran número de factores en todos los sentidos por lo cual las normas internacionales también han de actualizarse.

El Dr. (Seara Vázquez, 2019) experto en Derecho Internacional, respecto a este tema menciona que "los Estados y las organizaciones internacionales, los sujetos del Derecho internacional, más que una sociedad forman una comunidad", puede hablarse de una comunidad de la humanidad basándose en cierta unidad de personas, como lo han hecho los filósofos desde tiempos antiguos; Aristóteles que expone su pensamiento sobre las ciudades y las comunidades, Confucio que nos habla de la bondad y el respeto, el maestro Buda con sus grandes enseñanzas espirituales, los estoicos y cristianos con su gran filosofía de vida, como también los clásicos del derecho internacional Vitoria, Suarez, Grocio, Wolf, aunque para este autor este campo de estudio corresponde más a la sociología.

El principio de autodeterminación de los pueblos se entiende como "un derecho de los pueblos a decidir su propio destino constituyéndose en Estados independientes" (Seara Vázquez, 2019). La tendencia de los Estados fue aumentando, debido a que el proceso de descolonización había llevado a la independencia de muchos pueblos en el mundo, aunque algunos se quedaron bajo dominios de alguna potencia administradora.

Como ejemplo la antigua Unión Soviética y las repúblicas que la formaban se convirtieron en Estados independientes y debido a las tensiones de minorías nacionales exigieron su derecho a la autodeterminación, lo mismo sucedió con Yugoslavia tras la derrota del imperio Austrohúngaro durante la primera guerra mundial (Seara Vázquez, 2019).

Esta mirada al pasado muestra que se reclama a través de diversas manifestaciones la independencia y como en esta interacción se aceptan ciertas reglas de coexistencia entre Estados y la tendencia indica nuevas vías de cooperación entre los pueblos del mundo de diversas culturas que permiten encontrarse de cerca a través de la tecnología e intercambiar diversidad multicultural.

Seara menciona que "el Derecho Internacional público es el conjunto normativo destinado para reglamentar relaciones entre sujetos internacionales" (Seara Vázquez, 2019) anteriormente se denominaban Estados en lugar de sujetos internacionales, en la actualidad se le denomina sujetos, aunque no se limita a este término ya que ofrece distintas variantes a lo largo de la historia.

Por lo que "el Derecho internacional público es un conjunto normativo destinado para reglamentar una realidad social, la realidad internacional, debe experimentar una evolución paralela a esa realidad de acuerdo con la similitud que guarde el conjunto normativo que represente en el momento" (Seara Vázquez, 2019).

7.3. LA NEUTRALIDAD EN LA CONSENSUALIDAD

En el siglo XIX se empezaba el estudio de Derecho internacional a partir de los acuerdos de Westfalia de 1648, en la actualidad se sabe que los tratados con instituciones internacionales, el arbitraje, las misiones diplomáticas, la extradición, la protección de extranjeros no eran desconocidas para los pueblos antiguos, y podemos ver algunos ejemplos.

En Grecia se dan las condiciones para el desarrollo del derecho internacional, ya que en los pueblos de Hélade se reconocía cierta igualdad respecto a la identidad cultural y étnica, sin embargo, a los diversos pueblos helénicos se les consideraba diferentes y no gozaban de la protección de diversas instituciones.

Estas ideas ocasionan diferencias entre los mismos griegos, tal es el caso de la guerra entre Atenas contra Esparta, lo que permitió el desarrollo de instituciones que velaran por estos derechos, desarrollan el Derecho de la paz, inmunidades diplomáticas y el arbitraje, respecto al Derecho de la guerra se trataron conceptos como el de la neutralización, rescate de prisioneros y las normas de derecho humanitario.

El derecho internacional romano estaba enfocado en reconocer el derecho a los extranjeros y ciertas normas que podían considerarse como derecho natural, las relaciones internacionales reposaban en el pueblo y en el senado, debido a su posición hegemónica Roma fue considerado como árbitro para muchas controversias de muchos países.

San Agustín Obispo de Hipona (354-420) ofrece su concepción del mundo en el libro "*Civitas Dei*" en los que se abordan diversos temas, donde su principal búsqueda es la paz, no solo se centra en concepciones filosóficas y jurídicas, también en las sociológicas.

San isidro de Sevilla (556-636), en su obra "*Etymologiarum sive originum libri XX*" hace una diferenciación entre el derecho de gentes y el derecho natural.

Santo tomas de Aquino (1225-1247) habla del derecho de gentes y de la "*auctoritas principis*", "la justa causa" y la "recta intencion", su obra más importante fue la "*Summa Theologica*".

Existen autores del derecho internacional moderno como Francisco de Vitoria quien realizo estudios de filosofía y teología en Paris, su obra más relevante de derecho "*De indis*", "Vitoria no confunde al *jus Gentium* con el derecho natural, más bien afirma la necesidad de que el primero se acerque al segundo" (Seara Vázquez, 2019), como ideas centrales de su pensamiento se menciona la comunidad universal, donde sostiene el "*jus comminitationis*" el derecho de los pueblos a comunicarse entre sí, que sirve como base para otros escritos.

Nicolas Maquiavelo en la teoría del Estado 1469-1572, en sus obras el príncipe y discurso sobre la primera década de Tito Livio, teoriza la razón del Estado, justificando que todo acto tiende al bien público, separando así la política de la ética política.

Fernando Vázquez de Menchaca de Valladolid, en su obra "*Illustrium controversiarum aliarumque usu frecuentium*" constituye el principio de libertad de los mares.

Bodino 1530-1596, define el concepto de soberanía en su libro los seis libros de la república" donde entendía el poder absoluto y perpetuo sin límites en la ley humana, estos escritos son fundamentales en la construcción del Derecho internacional.

Francisco Suarez (1548-1617) originario de Granada, sistematiza el derecho de gentes un "*Inter Se*" "*Just Gentium*" menciona su descripción de la sociedad internacional, dn la que por encima de la diferencia entre los pueblos encontraba una unidad universal (Seara Vázquez, 2019).

Hugo Grocio (1583-1645) analiza el derecho internacional al que se refiere como derecho natural y de gentes, "*De Juri Belli ac Pacis*" obra que trata sobre temas internacionales, "*De jure praedae*" donde se publica el capítulo separadamente de "*Mare liberum*" donde defiende el principio de libertad de los mares.

Thomas Hobbes 1588-1679, desarrollo sus teorías respecto a la razón del Estado y donde establece que todo acto debe tender al bien público, en su libro *Leviathan* explica el fenómeno político como un modelo de orden social en donde de la situación que propone Hobbes del Estado debe de salir el pacto social, dejando al Estado la responsabilidad de garantizar el orden público.

Corneluis Van Bynkershoek, quien se preocupó de buscar el origen de las normas internacionales en el sentido de los pueblos que se refleja en su actuar.

Christian Wolff (1679-1754), una de las concepciones más interesantes de Wolff es *civitas máximas* en la cual en el mundo se formaría una comunidad que tiene como base intereses en común.

Emmerich de Vattel (1714-1767), su obra fundamental, "la ley de las naciones, o los principios de la ley natural aplicada a la conducta y los negocios de las naciones y los soberanos" (Seara Vázquez, 2019). Nos muestra como la neutralidad era un factor importante en la relación entre países, grupos y personas.

En el siglo XIX en donde el derecho Gnternacional está en pleno desarrollo surgen tendencias de carácter humanístico que tienen como centro los seres humanos, el desarme, la organización internacional, la humanización de la guerra (convención de parís de 1856, Ginebra 1864).

Para Seara dxisten diversos campos del derecho internacional creadas por las nuevas necesidades del progreso técnico, como la energía nuclear, la exploración del espacio exterior y de los recursos marinos, las comunicaciones, la tecnología de la información, el medio ambiente, hacen que el derecho internacional se convierta en una rama más compleja (Seara Vázquez, 2019).

Esto a su vez da origen a diversas especializaciones como; Derecho Aéreo, Derecho Internacional Cósmico, Derecho del Mar, Derecho Diplomático, Derecho Consular, Derecho de Telecomunicaciones, Derecho de la energía Atómica, Derecho Internacional Económico, Derecho del Medio Ambiente, etc.

Lo expuesto anteriormente plantea el conocimiento del Derecho y sus diversas ópticas a través de los años lo que la hace una rama muy diversa en el que interactúan varias disciplinas, que plantea nuevas interrogantes respecto a su proceso y desarrollo.

7.4. LA ORGANIZACIÓN DE LAS NACIONES UNIDAS EN LA NEUTRALIDAD Y LA PAZ

La Organización de las Naciones Unidas a lo largo de la historia ha sido una institución que busca enfrentarse a los problemas graves del mundo y plantear soluciones, además de otras organizaciones regionales de integración, como la Unión Europea o el tratado de libre comercio, por mencionar algunos.

Para remontarnos en los antecedentes de la organización de las naciones unidas se puede hablar de la carta del Atlántico del catorce de agosto de 1941, y la declaración de las naciones unidas, pero un punto importante fue la conferencia de Moscú que se celebró en el año 1943 en donde las potencias participantes, como Estados Unidos y la URSS, y gran bretaña, publican la llamada declaración de Moscú en donde se establece la necesidad de una organización internacional general que esté basada en la soberanía en la igualdad de todos los estados que buscan la Paz.

En junio de 1945 una vez fijadas las bases se celebró en San Francisco la conferencia de las naciones unidas sobre organización internacional que dio como resultado la firma de la carta de las naciones unidas por los cincuenta estados participantes y Polonia.

En dónde los diecinueve capítulos tenían las siguientes temáticas propósitos y principios, miembros, órganos, la asamblea general, el consejo de seguridad, arreglo pacífico de controversias, acción en caso de amenazas a la Paz, quebrantamientos de la paz o actos de agresión, acuerdos regionales, cooperación internacional económica y social, el consejo económico y social, declaración relativa a territorios no autónomos, régimen internacional de administración fiduciaria, la corte internacional de justicia, acuerdos transitorios sobre seguridad.

Esta carta entró en vigor el veinticuatro de octubre de 1945, aumentando así los miembros de estos órganos y a lo largo de la historia haciendo diferentes procedimientos en torno a las reformas para su modificación de acuerdo con las necesidades cambiantes y actuales que tienen como principal objetivo la paz entre las naciones.

La organización en ese momento estaba basada en los siguientes principios contenidos en el artículo 2 de la cara carta:

1. Igualdad soberana de todos sus miembros
2. Obligación de cumplir de buena fe los compromisos contraídos.
3. Solución pacífica de las controversias internacionales.
4. Prohibición de recurso a la amenaza o el uso de la fuerza.
5. Obligación de prestar ayuda a la organización en las acciones que emprenda de acuerdo con la carta.
6. La organización procurará que los estados miembros respeten los principios de la carta, para mantener La Paz y la seguridad internacional, y la seguridad.
7. Prohibición a las naciones unidas de intervenir en los asuntos de los estados miembros, a excepción en los casos señalados en el capítulo 7 (amenazas a La Paz, quebrantamientos de la paz o actos de agresión).

   El artículo cuatro señala las comisiones que debe llenar un estado para poder solicitar su ingreso en la organización y son las siguientes:

a) Que sea amante de La Paz.

b) Que acepte las obligaciones consignadas en la carta.

c) Que a juicio de la organización esté capacitado para cumplir dichas obligaciones.

d) Que se haya dispuesto a hacerlo.

Muchas organizaciones tanto públicas como privadas velan por los intereses de los seres humanos en temas de, seguridad, bienestar de las personas, paz, educación, medio ambiente, entre otros temas de gran relevancia.

Todos los seres humanos en cualquier parte del mundo debemos tener derechos humanos consagrados, que se reconocen en varios conjuntos normativos en pactos de carácter universal.

7.5. LA NEUTRALIDAD COMO PRINCIPIO

Este capítulo se aborda el antecedente histórico de la neutralidad, de acuerdo con lo que plantea uno de sus principales exponentes (Fabela, 1940), Isidro Fabela es uno de los principales exponentes mexicanos que trata el tema de neutralidad, en el inicio de la Segunda Guerra Mundial dedica todo un libro completo debido a que este tema era muy concurrido a nivel diplomático de forma práctica y teórica.

En la antigüedad la neutralidad no existía como concepto jurídico, pero si se aplicaba en muy diversas y especiales circunstancias, más bien como un precepto antiguo y remoto que tiene que ver con temas complejos.

Entre los griegos por ejemplo, no existía el concepto jurídico pero si de hecho, lo mismo pasa con los romanos en la cual era compleja la situación para los neutrales en situaciones bélicas, Tito Livio hace referencia que para Roma solo era aceptable dos posiciones mas no una tercera (Fabela, 1940).

En la antigüedad no existían palabras griegas o latinas que connotaran exactamente esta expresión, algunos historiadores y legistas usaban la palabra amici, medi, socii, vocablos que no se relacionan ahora con la neutralidad (Fabela, 1940).

La neutralidad como institución jurídica dentro del derecho internacional tiene una fuerte importancia histórica y jurídica qué ha ido progresando que se representa y que debido a las relaciones internacionales y las diversas interacciones coma cultura, intereses entre diversos países ha vuelto más complejo este tema en relación con la figura del neutral dentro de un conflicto.

Las primeras disposiciones de las cuales se tiene registro y donde se aplica el principio de la neutralidad como un concepto jurídico se encuentran en la compilación de las reglas que sirvieron de base a las leyes marítimas de Europa y el Consulado del mar, aquí se encuentran establecidas los preceptos comerciales y marítimos, y los derechos y obligaciones que tenían los beligerantes y los neutrales, en tiempos de guerra.

A finales del siglo XV aparece el principio de neutralidad como principio jurídico en una compilación de reglas que se publican en Barcelona y que sirve como base a las leyes marítimas en toda Europa en el documento denominado Consulado del mar.

En la compilación de reglas que sirvieron de base a las leyes marítimas de Europa, se aplica el concepto de neutralidad como concepto jurídico sin darle el nombre especifico, el "Consulado de Mar" contiene diversos preceptos y principios aplicables a la solución de temas comerciales y marítimos que tenían relación con el tránsito en el territorio, tanto en tiempo de paz como de conflicto, aquí se determinaban los derechos de los neutrales y beligerantes (Fabela, 1940), es aquí donde se define que los como neutrales a las personas o territorios que no están en guerra y que por diversos motivos se pueden ver inmersos entre dos partes o contrarios beligerantes.

En el transcurso del siglo XVI, XVII y XVIII las reglas contenidas en el consulado de mar tuvieron importantes modificaciones debido a que diversas cuestiones establecidas fueron abandonadas por falta de aplicabilidad a los contextos vividos.

También, se tiene registro de que estos principios fueron usados en Holanda por la liga Hanseática en 1438, más tarde Francia en

1538, aplico nuevos principios que afectaban a los neutrales y debido a tales prácticas la liga Hanseática establece en 1615 la libertad en "todos los casos en que su pabellón cubriera la mercancía enemiga" (Fabela, 1940), de para quienes formaran parte de esta asociación.

De 1654 a 1780 en los tratados celebrados por Francia con España, Dinamarca, Portugal, Suecia, Gran Bretaña y Holanda, se confiere un nuevo principio dejando atrás el anterior, que establece; "barco libre, mercancía libre; y barco enemigo mercancía enemiga" (Fabela, 1940), en este periodo se observa una falta de uniformidad y jurisprudencia entorno al derecho de los neutrales.

Es en el siglo XVII como consecuencia a la actitud de Inglaterra al poner demasiadas dificultades al comercio entre los países en guerra, se unen para defender sus intereses comunes y es donde surge la primera liga de neutralidad Armada, misma que fue iniciada por Catalina II de Rusia en 1780 que contenía un compendio de bases para establecer derechos y obligaciones.

En 1854 las declaraciones formuladas por Napoleón tercero en acuerdo con Inglaterra establecen también diversos principios y obligaciones respecto a los países en guerra.

En 1936 en Buenos Aires se llevó a cabo la primera de las conferencias de carácter extraordinario, la conferencia Interamericana de la Consolidación de la paz, aquí se dio el inicio para conformar la delegación mexicana dónde se nombraron de embajadores a Francisco Castillo Nájera, Alfonso Reyes, Juan Manuel Álvarez del Castillo e Isidro Fabela.

En esta época existía una ausencia o falta de definición por parte de las sociedades de las Naciones respecto al concepto de neutralidad existía una amplia discusión sobre su concepto, debido a las Guerras sinion japonesa en 1931, la invasión italiana de abisinia en 1935, la Guerra Civil Española de 1936 a 1939 y la anexión de Austria por parte del ejército alemán en 1938.

Para dicha conferencia Fabela prepara diversos memorándums que inician diversas obras, en 1940 al inicio de la Segunda Guerra Mundial, surge la primera edición de su libro Neutralidad, entre 1930-1940, este tema fue debatido a nivel diplomático de forma práctica y teórica, debido al contexto histórico del momento, en la cual no se llegaba a un acuerdo respecto a la pertinencia y validez de la neutralidad.

Para Fabela la neutralidad es, "la situación jurídica transitoria de un estado frente a dos o más beligerantes, de no participar directamente en la guerra ayudando a cualquiera de los contendientes" (Fabela, 1940). En este año a raíz de la guerra de Crimea, se decide llevar a cabo el congreso de París donde se establecen bases firmes para la neutralidad en el Congreso de París.

Otros pasos en esta dirección son las conferencias de la Haya en 1907 y Londres en 1909 mismas que se ven interrumpidas al inicio de la gran guerra en 1914. Después de este conflicto quién se encargaría de reglamentar todo lo relativo a la neutralidad sería la sociedad de las naciones. Es ahí donde la Organización de las Naciones Unidas es la responsable de esta reglamentación a partir de 1945.

7.6. DIVERSAS CONCEPCIONES DE NEUTRALIDAD

La neutralidad es un tema que sigue en desarrollo desde hace años y siglos atrás, mucho tiene que ver la historia y la evolución respecto a las relaciones internacionales y diplomáticas que se presentan en todos los países, a continuación se presentan diversas concepciones y definiciones de autores que han cambiado a lo largo de la historia y que se ven influenciadas también por temas de Derecho Internacional.

La neutralidad corresponde por derecho a todo Estado que no esté en calidad de beligerante, no se requiere su declaración, sin embargo menciona (Fabela, 1940), que es deseable hacerla para aclarar ante los propios nacionales del Estado neutral su calidad, a fin de impedir que se respete.

Respecto a este tema (Fabela, 1940), plantea que "la neutralidad es la situación jurídica transitoria de un Estado frente a dos o más beligerantes de no participar directamente y ayudar a cualquiera de los contendientes".

Vattel relaciona a la neutralidad con la imparcialidad, por lo que surge el debate entre diversos juriconsultos respecto a que no basta ser imparcial para ser neutral, ya que es preciso abstenerse a todo lo que tiene relación directa con la guerra (Martinez Leal, 1968). nBrentano y Sorel, la definen de la siguiente manera "los Estados neutros son aquellos que no toman ninguna participación en un conflicto bélico sostenida por otros Estados, aunque sus intereses se encuentren comprometidos en dicha situación" (Martinez Leal, 1968), así también mencionan que "Los Estados no son indiferentes a estos conflictos, pero no participan en ella y la relación que resulta con los involucrados se denomina neutralidad" (Martinez Leal, 1968).

Otros autores contemporáneos señalan "el vocablo de la neutralidad es la no participación en la lucha comprometida entre dos o más naciones" (Martinez Leal, 1968).

También se menciona que "la protección de daño a los neutrales no estriba a que estos pretendan continuar en tiempo de guerra con las mismas condiciones, de hecho ya no existen porque la lucha los ha alterado" (Martinez Leal, 1968).

Los esfuerzos en favor de la protección de los neutrales tienden a mantener las condiciones de estos en la forma que más pueda aproximarse a la normalidad, sin exigirles sacrificios que no sean plenamente justificados por una necesidad de los beligerantes plenamente reconocida por el derecho internacional.

Fabela propone diversos tipos de neutralidad (Fabela, 1940); neutralidad perfecta: abstenerse de toda participación en un conflicto y conducirse imparcialmente, de lo que pueda ser útil o necesario a los beligerantes en esta situación.

Benévola; En estas situaciones los países suelen mostrar cierta simpatía por alguno de los beligerantes, por lo que mencionan que como seres humanos este es un sentimiento natural, es el apoyo amistoso a una de las partes, que los principios de neutralidad jurídica permiten.

Armada; Aquí se dispone que los neutrales disponen de hacer efectivos sus derechos, es cuando se crea la primera liga de seguridad armada, constituida en 1780, por los Estados del Norte de Europa bajo la influencia de Rusia, (Martinez Leal, 1968), no se establece una forma especial de la neutralidad, esta mantiene los derechos de los Estados neutrales.

Perpetua; Este tipo de neutralidad se establece definitivamente en cuanto al tiempo, tal es el caso de Bélgica y Luxemburgo y de Suiza.

Condicional; Esta es aceptada jurídicamente, su posición también depende de las posiciones y actividades de los países, se hace una diferenciación con la neutralidad general y particular, la Convención de Ginebra de 1864 otorgo inmunidad a los hospitales de la Cruz Roja, a los heridos, a los enfermos, a las ambulancias, etc. Las de 1906 y1929 hicieron lo mismo, y el Pacto Roerich a su vez neutralizo los monumentos históricos, los museos y las instituciones dedicadas a la ciencia y el arte, a la educación y a la conservación de los elementos de la cultura (Fabela, 1994).

Neutralidad de facto y de jure; está a sido considerada en un estudio sobre la materia, la neutralidad de echo y de derecho, la primera es establecida por un Estado sin mencionar ella y la otra la de derecho declarada y mantenida efectivamente (Fabela, 1994).

También (Martinez Leal, 1968), sobre este tema nos dice que; "El Estado neutral mismo o cualquiera de sus nacionales puede quedar enfrentado a uno de los beligerantes con relaciones jurídicas de responsabilidad, como así se observa en múltiples casos.

Es neutral un Estado que no participa en un conflicto bélico entablado a diferencia de los Estados neutralizados, solo puede haber Estados Neutrales durante estos acontecimientos o un conflicto bélico civil, "si la organización ha sido reconocida como beligerante y tiene los atributos necesarios" (Martinez Leal, 1968).

Para los Estados que no entren en conflicto Internacional, los apremia a observar una determinada conducta con respecto a los Estados beligerantes y permite una cierta intervención, en ciertas actividades, que no estén prohibidas en el derecho internacional.

El Estado suele promulgar una declaración de neutralidad, sin embargo no existe un deber jurídico internacional que le obligue a tal declaración, "su sola abstención indica claramente su deseo de permanecer neutral" (Martinez Leal, 1968).

La neutralidad regula las situaciones y relaciones entre los beligerantes y los Estados que no participan en una contienda, sin embargo debido a que estas situaciones pueden traer grandes impactos en la vida de la comunidad internacional, los Estados se ven afectados en ocasiones por restricciones que pueden afectar el comercio pacifico normal.

El convenio de la Haya de 1907 señala en su artículo segundo que; sobre la ruptura de hostilidades, los Estados que se encuentren en un conflicto bélico están obligados a notificar a terceras potencias la situación, en esta notificación se adquieren en efecto las reglas de neutralidad para los Estados que no participen, con esto los deberes comienzan con la certeza indudable de que se tiene el conocimiento previo lo que sucede.

Este derecho es un compromiso entre los diversos intereses de los beligerantes y los neutrales en temas de comercio por ejemplo cuando se vea restringido por acciones de las potencias en conflicto ya que afecta en diversos ejes en un país que se encuentre en esta posición, por lo cual lo que más interesa es mantener la libertad comercial, como también respetando su integridad en estas situaciones.

Fabela hace un análisis del destino de la neutralidad en donde pone de manifiesto la importancia de mantener la paz en los estados desde el punto de vista jurídico de ierecho Internacional y de la Organización de las Naciones Unidas, en donde concluye que sus métodos son incompatibles aunque sus fines son los mismo, así también menciona que debido a las interacciones y conexiones personales, nacionales e internacionales es imposible mantenerse aislado a lo que sucede en el mundo, por lo que se plantea el estudio de la intervención o no intervención, como también de los pactos, acuerdos y tratados, para conocer y comprender a través del método científico puede resultar más conveniente y hasta qué punto; que deberá radicar en común consenso de todos los interesados en este tema, por lo que el estudio de la neutralidad plantea un estudio de gran profundidad; los siguientes capítulos, dan inicio algunos elementos que contribuyen a la neutralidad y su comprensión.

En la actualidad existen diversas organizaciones tanto públicas como privadas y también personas que con su claro ejemplo trabajan en favor de la paz, gran parte de la ciencia desde diferentes perspectivas, la Organización de las Naciones Unidas y organizaciones públicas como privadas, crean valiosos esfuerzos para atender lo relativo a diversos temas como la salud, el medio ambiente, la paz y lo relativo al uso de neutralidad.

El progreso científico y técnico en la actualidad a través de su método científico universal produce información y desarrollo progresivo en avances tecnológicos, culturales, sociales, buscando así, la paz y el bienestar de las personas y del planeta, estos avances requieren inversiones económicas de gran magnitud que no todos los Estados tienen las mismas posibilidades de permitirse, por lo que la cooperación internacional en temas de desarrollo es fundamental para trabajar en conjunto en temas de paz, bienestar individual, colectivo y de medio ambiente.

En este capítulo se busca mostrar algunos acontecimientos importantes a lo largo de la historia que dejan de manifiesto que las diferencias son latentes en el pasado y el presente, por lo cual, si para los neutrales existe la posibilidad de contribuir al bienestar y la paz de forma colectiva y personal.

Es importante comprender la evolución de la neuralidad desde sus diversos orígenes porque su análsis nos permite transaldar su esecencia a un proceso específico como es la mediación como método de solución de conflictos.

Podemos entonces observar que los países que han entrado en conflicto bélico pueden ser analizados desde la neutralidad, de la misma nanera que se analiza la relación de dos personas que han llevado un conflicto que no pueden resolver a una mediación.

Hemos visto los diferentes tipos de neutralidad, que surgen de manera natural durante la relación, y de la misma manera encontramos esos mismos elementos en la neutralidad de los mediadores durante el proceso de la mediación.

Capítulo 8
La neutralidad en la mediación

8.1. ENFOQUE DE LAS VIRTUDES QUE FAVORECEN LA NEUTRALIDAD EN EL MEDIADOR

Diversas teorías del conflicto desde el enfoque sociológico plantean que su presencia se presenta debido a la interacción y que en su solución permite el crecimiento, la evolución y el aprendizaje personal y compartido, las confrontaciones y conflictos en la actualidad son situaciones que siguen ocurriendo en la sociedad y entre países.

Cabe mencionar que los conflictos se han vuelto tema de diálogo importante a nivel mundial, sobre todo porque tiene que ver con la paz y la seguridad, social y política a un nivel internacional.

Ciertamente, contar con profesionales que sea de su conocimiento el conflicto y los mecanismos para su solución desde diversas perspectivas como la psicológica, social, económica y política es fundamental en esta actualidad y es el mediador un profesional capacitado que se actualiza en las nuevas tendencias, que necesita la sociedad hoy en día y que además busca la promoción de la paz y el bienestar en su comunidad y en el mundo.

La neutralidad hoy en día es un tema necesario y un eje central en la política de cualquier Estado y potencia internacional, por el dinamismo en las interacciones entre personas, pero también en las relaciones interestatales e internacionales que al desarrollarse resulta sumamente beneficiosa, debido a que permite y promueve la paz y el bienestar.

Como se definió con anterioridad el tratamiento de la neutralidad supone diversos conocimientos en conjunto desde el derecho internacional, relaciones internacionales y los métodos alternos de solución de conflictos.

Debido a esto, se busca seguir explorando temas que contribuyan a enriquecer su comprensión, y que además puedan definir y delimitar, debido a un orden político, jurídico y ético, ya que las definiciones propuestas en los años cuarenta durante la Segunda Guerra Mundial no son aplicables en esta actualidad y contexto.

Este concepto sigue en exploración como lo muestra la historia, sin dejar de lado los principios y su búsqueda que son la paz, la no violencia, la benevolencia, el amor a la humanidad, el amor al planeta, la amistad, la colaboración y bienestar.

La mediación como profesión en un mundo globalizado en donde las fronteras desaparecen e interactuamos más los unos con los otros, sin importar el lugar, la cultura y el idioma, permite no solo a las partes llegar a acuerdos perdurables con la guía del mediador neutral esto mismo tiene una aplicación en el ámbito internacional.

La neutralidad permite ayudarnos en nuestro día a día y en la solución de conflictos ya que permite conectar y entender al otro desde un lugar donde se pueden observar dos posiciones diferentes y comprender diferentes formas de pensar, de ser y de expresarse, desde un lugar de entendimiento y de calma.

La neutralidad contribuye a expandir la forma de ver la vida, entender a las demás personas y saber que todos son diferentes y aun existiendo esto saber que se puede encontrar un lugar de equilibrio entre ideologías o personas que presenten alguna diferencia.

Los mediadores tienen la habilidad de ser perceptibles ya que comprenden las emociones y sentimientos de los demás, saben reconocerlos, trascenderse y trabajarlos, esto permite dentro de un proceso darle el espacio a las partes para que se expresen libremente y tener una mejor comprensión, entendimiento y reconocimiento de lo que sucede respecto a la posición y diferencias de las partes.

El mediador es comprensivo y sabe que la sensibilidad es diferente para cada persona, lo que abre el espacio para que se expresen sintiendo un lugar seguro para comunicar y compartir su espacio interno.

La neutralidad es un aspecto en la formación de mediadores que requiere su conocimiento y adaptación mediante la práctica de actividades que permitan incorporar las virtudes necesarias hasta que su hábito sea aplicable sin pensar, de forma automática. Entonces el mediador conocera todas las formas en que puede manifestar y expresar su neutralidad, entendiendo sus alcances, beneficios y consecuencias.

Las virtudes han sido parte de lo que mejor que un ser humano puede ser, su evolución también explica su entendimiento. Los estudios de las virtudes han venido de fuentes y enfoques diversos que a continuación se describen:

- Desde la filosofía

  Entendiendo la filosofía griega, que parte de la naturaleza de las cosas (physis), se comenzará explicando el termino de virtud desde este enfoque, el cual nos dice en su significado que en latín con el término virtud se deriva de *virtus-itis*, fortaleza de carácter.

  El término virtud tiene un antecedente remoto originado en el griego: *Areté*, *Aristón*, el superlativo de bueno-*agathon*, el cual fue utilizado como sinónimo de excelencia, pero aplicable también a animales, cosas y a divinidades (Vidal-Gual, 2006).

  Es hasta Sócrates que el término se refiere más específicamente a la excelencia moral humana, a un saber acerca del bien que puede ser comunicado mediante la enseñanza (Rodríguez Luño & Bellocq Montano, 2014), Sócrates identificaba la virtud con el conocimiento, no se puede hacer lo justo si no se le conoce.

  Para Platón, la felicidad en esta vida está aunada a la práctica de la virtud y al cultivo de la filosofía. Así la virtud es armonía, salud del alma, medida metrón, proporción simetría, Este filosofo considera que hay cuatro virtudes fundamentales: prudencia, justicia, fortaleza y templanza (Sanabria, 1984).

  De acuerdo con las virtudes que propone Platón, hay diversos tipos, que corresponden a las dos partes del alma, por un lado, a la irracional, la fortaleza *andreia*, la templanza *sofrosyne*, la justicia *dike-dikaios* y la prudencia. Al alma racional corresponden la sabiduría *sofía*, la ciencia *episteme*, el entendimiento intuitivo, la prudencia *frónesis* y el arte tekné (Domínguez Sanabria, 1985).

Las principales virtudes que propone Aristóteles son; la sabiduría, la templanza, la continencia, la justicia, la libertad y la magnanimidad (Aristóteles, 2010). Este filosofo brinda más elementos a el significado de virtud, como hábito queda ya configurado. El establece por primera vez la distinción entre hábitos dianoéticos que hacen referencia a la ciencia, el arte, la prudencia, la sabiduría, el entendimiento y la recta razón, y por otro lado los hábitos éticos, que se refieren a la valentía, la liberalidad, la magnificencia, la magnanimidad, la ambición, la mansedumbre, la amabilidad, la sinceridad, la justicia (Gallego Jiménez & Vidal Raméntol, 2019).

- Desde la teología

En la religión el cristianismo agregó a las virtudes reconocidas por los griegos tres relativas a la relación del hombre con Dios: Fe, Esperanza y Caridad, y han ejercido una gran influencia en la civilización occidental, Para Santo Tomás de Aquino, la virtud moral puede existir, ciertamente, sin algunas de las virtudes intelectuales, como la sabiduría, la ciencia y el arte; pero no puede existir sin el entendimiento y la prudencia (Tomás de Aquino, 1993).

Por otro lado, en la tradición budista, se conoce a la virtud con el nombre de pāramita(en sánscrito). Él término paramita o paramī posee una doble etimología: significa perfección (Appey Rinpoché, 2012).

A continuación, se presenta una tabla de las virtudes desde diferentes ramas teológicas y como se estructuran y se clasifican de acuerdo con los enfoques de las religiones que se consideraron por (Alvear & Cebolla, 2023). Se observa la clasificación de las cuatro virtudes estoicas, las seis paramitas del budismo Mahayana, las diez paramitas del budismo Theravada, así como las virtudes en la tradición cristiana católica de acuerdo con lo propuesto por (Alvear & Cebolla, 2023).

Tabla 1. Las virtudes teológicas

LAS CUATRO VIRTUDES ESTOICAS	LAS SEIS PĀRAMITĀS DEL BUDISMO MAHAYANA	LAS DIEZ PĀRAMITĀS DEL BUDISMO THERAVADA	VIRTUDES EN LA TRADICIÓN CRISTIANA CATÓLICA
– Sabiduría práctica (prudencia) – Justicia (moralidad) – Coraje (fortaleza) – Templanza (moderación)	– Generosidad – Conducta (ética) – Paciencia – Entusiasmo o esfuerzo alegre – Concentración meditativa – Sabiduría	– Generosidad – Moralidad/virtud – Renuncia – Energía/esfuerzo – Paciencia – Sinceridad – Determinación/ resolución – Amor bondadoso – Ecuanimidad – Sabiduría/ discernimiento	**Teologales:** – Fe – Esperanza – Caridad **Cardinales:** – Prudencia – Justicia – Fortaleza – Templanza

Fuente: Elaboración de Ceballo, Alvear 2019.

El desarrollo de virtudes en la teología ha sido parte importante de la formación de valores que facultan al ser humano para relacionarse los unos con los otros y su relación con Dios, es importante señalar, que varían de acuerdo con las corrientes de Occidente y Oriente.

- Desde la psicología

Para (Seligman, 2011), en la psicología positiva, cuando se usa el término virtudes generalmente se establece una especie de clasificación jerárquica de rasgos positivos:

- Primer Nivel: Virtudes. Son características valoradas a nivel social, filosófico y religioso. Casi siempre se trata de rasgos que se remontan a los inicios históricos de muchas civilizaciones. Por ejemplo, sabiduría, templanza, valentía.
- Segundo Nivel: Fortalezas. Componentes psicológicos (es decir, mecanismos o procesos), que en conjunto definen a las virtudes; vienen a ser como las rutas a (o modos hacia) la expresión de una virtud. Las fortalezas son rasgos sujetos a diferencias individuales, aunque en sí mismas se defi-

nen como universales. Por ejemplo, la fortaleza del amor al aprendizaje forma la base para el eventual desarrollo de la sabiduría.

- Tercer Nivel: Temas situacionales. Son hábitos o prácticas que sólo tienen sentido en un contexto específico, y que llevan a la expresión de una fortaleza. Por ejemplo, la inclusividad (la tendencia a hacer que los demás se sientan parte de nuestro propio grupo) es un tema situacional que lleva a expresar una fortaleza: la amabilidad, la cual a su vez es una de las formas en que la virtud de la humanidad se manifiesta.

En la teoría del bienestar, se proponen cinco grupos de virtudes de las cuales se desarrollan fortalezas dando un total de veinticuatro, logrando así en conjunto, más emoción positiva, más sentido, más logro y mejores relaciones, la meta de esta teoría es florecer en la vida individual y en el planeta, y además consideran características adicionales, como el optimismo, vitalidad y las relaciones positivas.

A diferencia de otras tradiciones, este enfoque no plantea que una persona deba o esté en obligación de cultivar todas o la mayoría de ellas.

Las fortalezas del carácter son el resultado de las investigaciones que permitieron descubrir los aspectos más valiosos y deseables del ser humano, además de que permiten el autoconocimiento y usarlas de forma activa, fueron clasificadas de acuerdo a diversas culturas y religiones, cómo requisito deben tener presencia en todas las culturas y cumplir una serie de condiciones cómo la distintividad, la apariencia de rasgo, la existencia de ejemplos paradigmáticos, la ausencia de un opuesto deseable, por mencionar algunos.

En este sentido, la mediación transformativa cuestionó la asunción común en el campo de la mediación que plantea que el acopio y dominio de destrezas o herramientas comunicacionales, independientemente del examen de su uso, constituye un enfoque efectivo que permita contribuir a la práctica, al perfil y a las competencias del mediador.

8.2. LAS FORTALEZAS DEL MEDIADOR QUE FAVORECEN SU NEUTRALIDAD

El marco transformativo se basa en un objetivo ideológico manifestado explícita y claramente para la práctica del mediador y dicho marco ha demostrado cómo un conjunto de destrezas específicas de intervención mejora la práctica, los procesos y la generación de acuerdos (Folger & Baruch Bush, 2001), de acuerdo con la revisión de la literatura en lo que respecta a la teoría del bienestar se mencionan las fortalezas que contribuyen al perfil del mediador:

- Sabiduría

  El primer grupo de virtudes parten como eje de la sabiduría y de aquí se desprenden las fortalezas que pertenecen a este grupo.

  - Curiosidad /Interés en el mundo.
  - Amor al aprendizaje.
  - Juicio / Pensamiento crítico / Apertura mental.
  - Ingenio / Originalidad / Inteligencia práctica.
  - Inteligencia social / Inteligencia personal / Inteligencia emocional.
  - Perspectiva.

  Valor, reflejan el ejercicio de la voluntad para alcanzar fines valiosos e inciertos ante la adversidad

  - Perseverancia / laboriosidad.
  - Integridad / Autenticidad / Honestidad.

  Humanidad y amor, estas fortalezas se observan en las interacciones positivas con otras personas: familia, amigos, conocidos y con extraños.

  - Amabilidad y generosidad.
  - Amar y permitirse ser amado.

Justicia, estás fortalezas se muestran en actividades cívicas, la relación es con grupos mayores, como tu familia, comunidad, país o el mundo.

- Ciudadanía / Deber / Trabajo en equipo / Lealtad.
- Imparcialidad e igualdad.
- Liderazgo.
- Templanza.
- Autocontrol.
- Prudencia / Discreción / Cautela.
- Humildad y modestia.

Trascendencia, son fortalezas emocionales que van más allá de ti para conectarte con algo superior y más permanente: otras personas, el futuro, la evolución, lo divino o el universo.

- Aprecio por la belleza y la excelencia.
- Gratitud.
- Esperanza / Optimismo /Pensamiento orientado al futuro.
- Espiritualidad / Sentido de propósito / Religiosidad.
- Perdón y piedad.
- Buen humor.
- Vivacidad / Pasión / Entusiasmo.

El modelo transformativo introducido por Bush y Folger en 1996 afirma que el objetivo fundamental de la mediación es lograr el crecimiento y la transformación del individuo. Consideran además que el éxito de la mediación es que se logre la revalorización y reconocimiento entre los intervinientes, para esto el mediador debe ayudar a las partes a comprenderse entre sí (Isaza Gutierrez, Murgas Serje, & Oñate Olivella, 2018).

El modelo de 24 fortalezas presentado con anterioridad es una aproximación de amplio alcance y con pretensión de universalidad. Eso significa que, para cada campo en concreto, en el futuro se tenderá a generar aproximaciones específicas con listados de fortalezas e instrumentos específicos y adecuados a las necesidades de cada campo, lo que se busca con este marco teórico es definir cuáles son las fortalezas que contribuyen al perfil profesional del mediador, en el modelo transformativo.

- Bondad

  Sentirte bien contigo y desde ese espacio es donde puedes ayudar a los demás, dentro de un proceso de mediación o conflicto te sientes tranquilo.

  El proceso y el tiempo para aprender a ser buenos con nosotros mismos muchas veces toma su tiempo, conocerte, amarte a ti mismo, saber sentir que es bueno para ti, en qué lugar o espacio te sientes bien y tomar las decisiones y las acciones necesarias para emprender el cambio, son experiencias únicas de crecimiento, que enseñan aprender a honrar y agradecer su enseñanza.

  Nace del corazón, es amarte a ti y agradecer tu propia existencia, tener pensamientos positivos, compartir ese amor con los demás, es querer hacer el bien, ayudar a los demás, ver lo bueno en todas las situaciones, aunque sean complicadas, es esperar que las cosas se resuelvan en positivo o esperar lo mejor de la situación.

  Amarnos como somos, agradecer las experiencias y aprendizajes que nos hacen crecer, escucharnos, conocernos, permitirse sentir alegría, paz, trascender lo que no hace bien, perdonarse y perdonar.

  El autocuidado forma parte de la bondad con nosotros mismos, los pensamientos positivos, el confiar en la vida, conocer los espacios para compartir contigo mismo y con los demás, tener la apertura al cambio, desear lo bueno para ti y en los demás.

  Ser bueno con los otros, agradecer el compartir el camino, el aprendizaje y la experiencia, sentir pensamientos positivos, la alegría de la existencia por el otro, respetar su proceso, dar el espacio, conocer sobre los tiempos de cada ser, puedes ayudar de muchas formas cada uno decide cual es la mejor manera, escuchar y entender la historia del otro, acompañar en el proceso, el poder de un abrazo que es reparador, ya que te llenan de calma, te hacen sentir que todo está bien, te dan alegría.

Agradecer la bondad de los otros con nosotros, por su tiempo, sus palabras, su intención de ayudar, su amor, su comprensión, su cuidado en momentos difíciles y sus buenos pensamientos.

Dentro de una situación de conflicto, ver y amar a los otros como son, no juzgar ya que cada uno tiene una historia y muchas son complejas, entender que también hacen lo mejor que pueden, recordar que no somos muy diferentes los unos a los otros, amar la sabiduría que te enseñan los demás, practicar la vida con amor.

- Equilibrio

El equilibrio es lo que nos permite expresar desde una posición de paz, también se trata de aprender a comprender cuáles son tus lados opuestos pues ellos representan las dos formas de tu ser, puedes conocer desde tu perspectiva y tu realidad lo que para ti es lo mejor y no tanto, te permite saber elegir quererte y cuidarte, conectarte con tus espacios, y a todos brindarles el amor que necesitan, es como cuidar un jardín cuando plantas una semilla esperas que florezca y debes cuidarla, si la llenas de agua en exceso y de luz solar de pronto y la planta no crece.

El equilibrio es la honestidad de lo que sentimos, conocer la naturaleza que habita dentro de cada uno, permite saber que conocerte está bien, es experimentar tus sentimientos y emociones conocer las dos posiciones, comprenderlas, estar en los dos puntos al mismo tiempo y saber elegir, también es aprender haciendo.

Es la sabiduría que deja la experiencia te permite mirar atrás para hacerlo mejor en el presente y en el futuro, es querer hacerlo mejor día con día.

Es conocer tu realidad desde tu libertad de pensamiento y ser, saber que está bien pues tu vida es perfecta, tener la humildad de querer cambiar lo que está mal o para ti ya no es más, sacar fuerzas de dentro y la valentía para hacerlo, volviendo a tu centro, entendiendo la vida con sus cambios, sus ciclos, sus idas, sus vueltas, el proceso de completo cambio en cada ciclo navegarlos, haciendo y dejando ser que todo ocurra, nada es estático todo está en constante cambio, la vida amarla como es.

No se trata de querer tener siempre la razón o pronunciar que sabes más pues el conocimiento es infinito, crece cambia se transforma a cada segundo, por estos cambios tan constantes y rápidos volver al equilibrio abre espacio para conectar para mirar alrededor meditar sobre lo que sucede, puede ser que el cambio te lleve al opuesto contrario pero la tarea será recordar el camino de vuelta al centro y eso es algo que solo le hará sentido a tu alma a tu ser, toma tiempo y paciencia, se necesita ser amable contigo y con los otros.

Es la expresión de tu alma darle el espacio que ella requiere, así cuando logras comprenderte a ti dejas espacio para comprender a los otros los otros, a su expresión a su verdad, a su realidad, compartiendo, aprendiendo juntos.

En un entorno de conflictos de cualquier tipo el equilibrio invita a escucharte a la apertura del cambio para ti y con el otro, no se trata de ganar porque tus argumentos son más elocuentes o sabios, pues ahí en donde se encuentra la ruptura se asoma el nacimiento de mi verdad y la del otro, el crecimiento, la expansión y la paz.

- Igualdad

La igualdad permite saber que todos somos importantes y que el espacio que ocupamos en el mundo es valioso y por tanto merecemos ser tratados con amor y comprensión por el simple hecho de existir.

Aprender sobre los espacios que nos damos, saber disfrutar de ellos, apreciarlos, disfrutarlos y aprender de ellos.

Es que cada uno en su propio camino elige en su libertad lo que le hace bien al alma, corazón, cuerpo, mente, para que cada uno en base a su experiencia sepa elegir, quedarse en donde le hace bien al alma y al corazón, irse con el mismo amor de lo que ya no nutre, no permite crecer y expandirse.

Es permitirse ocupar tu espacio y sentirte merecedor de lo bueno, el amor, la dulzura, el cariño, para que así puedas compartir eso mismo con los demás y acompañar con la misma ternura.

Es saber que nadie es más que nadie, ningún título o posición está por encima de la esencia del ser, todos son valiosos, todos son importantes, merecen ser tratados con amor y ser escuchados, aunque las ideas difieran pues es en ese intercambio donde surge el crecimiento, donde hay espacio para la expansión y el aprendizaje, en donde se crea conocimiento nuevo.

Es en ese diálogo abierto donde se escucha, se observa la diversidad de pensamientos, ideas, formas de expresión, es fundamental porque es en ese encuentro de diferencias donde hay crecimiento, apertura, donde surgen nuevos caminos, nuevas formas de exploración para comprendernos a nosotros como seres humanos, al mundo, a nuestro planeta y a el universo.

- Armonía

Es la conexión, es el amor, es creer que existe, es verlo en todos lados, es confiar, es ayudar a alguien, es recibir ayuda, es agradecer, es saber que habrá dificultades pero que todo va a mejorar, porque la vida tiene sus matices honrar el camino, en solitario y compartido, es el amor de tus padres, de tu familia, de tus amigos, de tu pareja y de tus hijos, es saber que puedes recibir un abrazo, palabras de aliento, que siempre estará alguien que te puede ayudar.

Es sentir que llegaste al lugar correcto con las personas correctas, es mirar a los ojos y conectar, poder ver su verdad y amar, pues todo es perfecto todo está bien.

Es aprender a darle sonido a la voz de tu alma, la verdadera esencia, es compartir tu verdad, dejarla brillar y amarla, es darle su espacio para que se expanda y en el proceso ayudar a otros a expandirse.

Bendecir todos tus espacios, llenarlos de luz, soltar y confiar en la vida, todo tiene su razón de ser y ser es más que suficiente pues existe la expresión de la vida manifestándose en todo y en todos.

- Paz

Honrar tu vida, tu alma, tu cuerpo y tu espíritu, hay que recordar que eres valioso, eres importante, eres amado.

El silencio de la mente abrazarlo cuando llegue que permite la calma, respirar y apreciar el momento, agradecer el silencio.

El autoconocimiento que nos ayuda a reconocer emociones y sentimientos, atenderlos.

Permitirte celebrar el milagro de la vida y la creación unos ojos que te permiten apreciar el paisaje, el cielo, las montañas el sol y la luna, ver a tu familia, amigos y seres amados, el olfato y las rosas, el gusto que permite día a día recibir tus alimentos, y el tacto para abrazar a los demás.

La paz llega cuando es el momento adecuado no antes ni después, permite mirar atrás reflexionar sobre la experiencia, aceptar, así es como tenía que pasar, pues todo es perfecto tal cual es y como existe, ningún tiempo ni momento es mejor que el otro.

Es la experiencia de la vida, es no perder la fe en ti ni en los demás, saber sobre tus tiempos y comprender el de los otros, nadie lleva prisa pues cada ritmo es perfecto, es abrazar todas las experiencias y agradecer todo lo que te han hecho crecer pues es el camino recorrido lo que hace que tu alma crezca, tu corazón sane.

- Amor a la humanidad

Apreciar la expresión de cada ser, su mirada, su caminar, su forma, sus aciertos sus aprendizajes, su crecimiento, su evolución, lo que cada uno enseña con cada encuentro pactado, donde nos conocemos, nos admiramos, nos vivimos, nos alegramos, nos distanciamos, nos acercamos.

Es amarnos por el hecho de existir de poder respirar, de compartir experiencia, sabiduría y aprendizaje, son encuentros desencuentros, dejando ser a cada uno en su propia libertad, que maravilla el poder expresar, compartir, encontrase en eso que nos hace diferentes, bueno o malo no interesa, es simplemente ser.

Desear lo mejor para cada ser, amar a cada ser, respetar, compartir, comprender, cuidar, dejarse sorprender, reír, alegría en cada encuentro, un abrazo, una mirada, un consejo, una pregunta.

- Colaboración

Las interacciones son complejas y esto ha existido en diversos tiempos, somos tantos seres humanos con diversas ideologías, formas de pensamiento, de actuar y de entender la vida, no necesariamente tenemos que salir del país para mirar la toda la multiculturalidad existente, que enriquece, que se transforma, que permite apreciar nuevas formas de mirar la existencia.

La propuesta para este capítulo es que lejos de que esto sea un motivo para alejarnos los unos de los otros para distanciarnos e inclusive tener conflictos sea un motivo para conectarnos y unirnos más como personas como seres humanos.

Estamos aprendiendo todos, ninguno es más que otro, nadie posea todo el conocimiento ni toda la verdad absoluta, agradecer el encuentro, agradecer el compartir, agradecer el aprendizaje.

Esto es parte de estar vivos, es lo que te conecta con tu experiencia humana y en estos momentos de compartir la experiencia podemos conectar y acompañar el camino de otros.

Entonces respecto a la colaboración si podemos comprender la historia de vida de cada quien que es diversa, que ninguna es igual, permite un espacio para comprender, para querer ayudar, para buscar bienestar, para buscar y respetar lo que cada uno decida.

Agradecer el camino que conecta con las personas que vienen a ayudarte y alegrarte cuando tú más lo necesitas, porque en tu camino te das cuenta de que no estás solo, que te puedes sentir acompañado y que tú también puedes acompañar a los demás.

- Confianza

La confianza implica aprender amar los procesos del cambio, el soltar el control, confiar en el proceso y en el ritmo de la vida, en las personas que compartimos, aunque a veces no se comprenda, aunque las situaciones de la vida nos puedan sobrepasar y no se encuentre un sentido, el tiempo trae las respuestas y acomoda todo en su lugar, ya que el ritmo de la vida es perfecto.

Es honrar y agradecer el presente, la sabiduría de la vida, agradecer, aceptar, amar, el espacio que también con los demás, aprendiendo en humildad sabiendo que lo que a veces es diferente trae un mensaje profundo de cambio y conexión, todos aprendemos de todos.

La confianza en ti, la confianza, confianza en la vida, que tiene sus diferentes matices y escenarios, la vida está llena de emociones y sentimientos, saber que es parte del transitar y es lo que nos conecta con nuestra propia humanidad poder sentir, honrar el proceso que es maravilloso permite reconectarnos con nosotros mismos y con otros, aprender, crecer y agradecer cada encuentro.

Es no juzgar el proceso si se gana o se pierde y que en todo lo vivido hay un mensaje, un orden y una sabiduría, para el aprendizaje del alma propia y la del otro, agradecer el encuentro.

Aceptar lo vivido que todo es perfecto, permitirse ser aprendizaje, crecimiento, transformación, evolución, confiar en el amor, confiar en la sabiduría de la vida.

La confianza podemos decir que también tiene elementos internos que tienen que ver con cada persona, los internos permiten sentirse bien consigo mismo y a su vez desarrollar habilidades y capacidades para poder llevar y establecer buenas relaciones, sanas, amables y tranquilas con las personas que convivimos y en diferentes entornos.

La confianza en nosotros mismos es un camino de constante aprendizaje que genera un mayor conocimiento de quien se es con apertura, amor y aceptación plena, la confianza permite tener claras las necesidades propias, identificar las de los demás y saber expresarlas.

Esto dentro de un espacio de mediación es muy valioso ya que logra que te puedas expresar con mayor claridad con los demás

También permite la certeza que se pueden vencer obstáculos y retos permitiendo así el crecimiento, aprendizaje y experiencia, en un proceso de conflicto o mediación permite sostenerte a ti mismo en momentos de dificultad y también apoyar y sostener a otros, con seguridad y calma.

El saber cómo nos sentimos, cuáles son las emociones que se tienen permite aprender a gestionar mejor el conflicto o las situaciones de dificultad. Esto ayuda a saber relacionarnos con el entorno, aumenta la capacidad de sentir, amar y querer y poder ayudar a otros, ya que al tu sentirte bien y estar bien puedes ayudar a otros, el conocer cómo podemos ser nuestra mejor versión y expandir.

Hay que tener confianza en nosotros mismos, en que estamos bien, en que todo se puede solucionar, que todo esfuerzo que se haga por pequeño que sea ya es un avance, hay que confiar en las situaciones de la vida ya que todas traen un gran aprendizaje que ayuda a crecer, también hay que aprender a confiar en los demás, que todos tienen su tiempo para crecer y aprender.

La confianza para un mediador permite saberse sostenido por su seguridad personal, tener calma, claridad y paz, le permite saber expresarse con claridad y de forma amable, al proceso y a las partes les permite sentirse en un espacio que permite seguridad.

- Integridad

La integridad permite sentir tu corazón pleno, sentirte seguro y hacer lo mejor para ti y para los otros de manera responsable, reconocer que durante el proceso las cosas pueden cambiar, aceptar cuando te equivocas tomar impulso y volver a intentar de la mejor manera.

Saber que en el error se encuentra el crecimiento, la honestidad, la claridad y la verdad.

Respetar tu camino y el camino de los demás, vida es importante, todo camino es valioso, todo ser humano es maravilloso alegría, amabilidad, amor, comprensión, perdón, humildad, empatía, alma, espíritu, luz, amor.

- Claridad.

  La claridad cuando se conecta con el corazón te guía, con confianza con amor, te da experiencia con sabiduría, te permite ver el bien, hacer el bien, tomar decisiones que sean buenas no solo para ti, también para otros, la claridad con corazón se expande, pues crece el amor.

8.3. EL MODELO TRANSFORMATIVO DE MEDIACIÓN Y LA NEUTRALIDAD

El modelo transformativo introducido por Bush y Folger en 1996 afirma que el objetivo fundamental de la mediación es lograr el crecimiento moral de las partes, es decir, se debe conducir este proceso de forma tal que se logre la transformación del individuo.

Consideran además que el éxito de la mediación es que se logre la revalorización y reconocimiento entre los intervinientes, para esto el mediador debe ayudar a las partes a comprenderse entre sí, con el objetivo de que sean más considerados y menos egoístas con los sentimientos del otro (Isaza Gutierrez, Murgas Serje, & Oñate Olivella, 2018).

La mediación transformativa facilita un entorno pacifico, en la cual cada una de las partes pueda explicar sus argumentos, además entender el punto de vista de cada una de las partes entre sí, donde se logra un reconocimiento muto, indiferentemente del resultado que se de en la mediación.

Su principal objetivo radica en la práctica del mediador y la transformación de las partes que intervienen en el proceso, que las convierte en personas más cálidas, que tienen la habilidad de preocuparse de los adversarios a pesar de las diferencias y que este aprendizaje, no solo queda en el momento en el cual las partes acuden en la búsqueda de estos métodos, los ayuda como individuos a afrontar sus conflictos con mayor apertura.

Esta transformación en los seres humanos logra que la sociedad poco a poco trabaje con estructuras diferentes, a la hora de resolver sus conflictos o afrontar sus adversidades, lo que no sucede con otros tipos de mediación donde solo se trabaja con el problema existente en el momento, pero no corta de raíz las causas que lo originaron (Isaza Gutierrez, Murgas Serje, & Oñate Olivella, 2018).

La mediación será exitosa a través de este modelo toda vez que se consigue un mayor grado de efectividad y trascendencia en la vida personal de quienes la integran puesto que aprovechando su experiencia en la propia mediación transformadora, las partes pueden traspasar a otras situaciones más capacidad y disposición a relacionarse con otros de modo menos defensivo, más respetuosamente y con más empatía (Bush y Folger, 1996: 147). Una forma clara y precisa de entender este modelo es como lo presenta Farré Salva (2004), en una crítica que les hace a todos los modelos de mediación de la cual hemos extraído su idea principal de la siguiente manera:

✓ Principios Básicos:

Ve el conflicto como motor y oportunidad de cambio.

El conflicto como fenómeno específico dentro de la mediación.

Espiritualidad y emocionalidad como dimensiones fundamentales.

✓ Método:

La negociación se basa en las necesidades de las partes.

La comunicación es emocional y espiritual. Se busca cambios en la relación y en las personas, con el fin de que cumplan lo acordado por ellas y evitar conflictos futuros. La comunicación se utiliza como instrumento de terapia de cambio.

✓ Objetivos:

Además de lograr acuerdos, su objetivo es lograr la transformación personal y de la relación entre las partes en conflictos presentes y futuros. Es erróneo pensar que el objetivo exclusivo o éxito de la mediación es que se logre un acuerdo entre las partes; puesto que el objetivo fundamental de la mediación es promover la resolución del conflicto, posibilitar acuerdos y que las partes los consideren satisfactorios; al mismo tiempo que se mejora la relación entre las partes.

Intenta agregar una transformación positiva del conflicto y de las personas.

Lograr que la mediación sea un espacio para la reconciliación, donde las partes se escuchen y comprendan mutuamente.

8.4. MEDIADOR TRANSFORMATIVO NEUTRAL

Conforme el ejercicio de la mediación transformativa avanzo se planteó, si los mediadores ejercen con el mismo propósito, como es la forma de intervención y actuación, al observar los objetivos implícitos en el ejercicio de esta.

A medida que el campo de la mediación se expandía, llegó a ser cada vez más manifiesto que no todos los mediadores actuaban de la misma manera, diferentes objetivos implícitos originaron diferentes enfoques prácticos (Baruch Bush, 2004).

Para (Della Noce, 1999) en gran medida, el campo de la mediación estaba dispuesto a ignorar cuestiones críticas relacionadas con las múltiples metas de la mediación, a pesar del hecho de que diferentes tipos de práctica conducían a:

- Diferentes expectativas respecto de lo que brinda la mediación.

- Diferentes concepciones respecto de lo que es el "éxito" y sobre cómo debería ser evaluado.
- Diferentes visiones respecto de cuán apropiada, aconsejable, o incluso ética, es la conducta del mediador.
- Para el Doctor (Folger J., 2008), cofundador del instituto para el estudio de la transformación del conflicto, en el estudio sobre preservación del potencial único de la mediación en situaciones de disputas, establece dos ejemplos del uso de habilidades en la práctica del mediador, referente a la entrevista individual y a la escucha activa, que si bien son habilidades que el mediador usa comúnmente en la práctica, los propósitos para lo que se usan estas dos difieren en su uso y aplicación individual, a continuación se mencionan estas diferencias por habilidad, con la finalidad de ver los diferentes resultados.
- Entrevista individual:
- Puede ser usada para motivar a una de las partes o alejarse de una posición intransigente o extrema.
- Puede ser usada para ayudar a una parte a pensar, sobre lo que quiere decir o no, a la otra persona en la negociación durante la sesión conjunta.

Escucha activa

Muchos mediadores piensan que deben dominar la escucha activa y se tiene que tomar en consideración que esta destreza, no está desconectada del propósito para el cual está siendo usada.

- Diagnostica los temas que las partes necesitan abordar.
- Utiliza lo que escuchan con un propósito o meta, que tienen en mente, cuando interfieren en un conflicto.
- Aleja a las partes de posiciones que parecen ilógicas o contraproducentes.
- Deconstruye narrativas personales de las partes.
- Resume lo dicho por cada una de ellas.

Estas diferentes metas reflejan objetivos implícitos extremadamente diversos que los mediadores podrían estar tratando de conseguir mientras escuchan a las partes durante una sesión de mediación. Y estos propósitos para la escucha están ligados a propósitos o metas más amplios para la propia mediación (Folger J., 2008).

La mediación transformativa se hace cargo de la necesidad imperiosa de clarificar el objetivo implícito de la práctica en mediación. El marco transformativo se basa en un objetivo ideológico manifestado explícita y claramente para la práctica del mediador y dicho marco ha demostrado cómo un conjunto de destrezas específicas de intervención se puede emplear con coherencia para apoyar la consecución de este objetivo transformativo explícito (Folger & Baruch Bush, 2001).

En este sentido, la mediación transformativa cuestionó la asunción común en el campo de la mediación que plantea que el acopio y dominio de destrezas o herramientas comunicacionales, independientemente del examen de su uso, constituye un enfoque efectivo para llegar a ser un profesional competente.

En cambio, el marco transformativo enfatizó que la claridad de objetivos es la base para el uso de cualquier conjunto de destrezas que los mediadores dominen y que la transformación en un profesional competente implica que éste sea plenamente consciente de un objetivo claro para la práctica y se dedique al mismo. (Folger J., 2008). Esta apertura en la mediación transformativa, que tiene como objetivo adoptar nuevas estrategias, aplicar diferentes habilidades y herramientas e incluso ser vista desde diferentes áreas del conocimiento.

8.5. EL MEDIADOR COMO FIGURA NEUTRAL EN EL PROCESO DE LA COMPRENSIÓN DEL MENSAJE Y EL LENGUAJE

Para la construcción de un significado de lo que comunican las partes, se comprende que el proceso viene acompañado de la guía del mediador, donde se constata, se comprende y se le da un sentido a la información que comparten, al darse cuenta si se entiende en un sentido literal o por el contrario darse cuenta si la mal interpretan.

La idea es que las partes se comuniquen de forma fluida pero también se puede comprender la complejidad para muchas personas el expresar al ser un conflicto que implica cargas emocionales, trauma y dolor.

Características del neutral dentro del proceso de conflicto:

1. Realizar un buen contacto: este consiste fundamentalmente en el encuentro empático con las partes, la atención que se les brinde, el despertar en ellas la sensación de apertura para entender el conflicto, y el ámbito de cercanía familiaridad y compromiso creado. Ello requiere un despliegue de cordialidad, y seguridad para inspirar confianza, facilitar un clima propicio y un ambiente de interacción.

2. Saber escuchar: consiste en atender en forma imparcial el llamado de las partes comprometidas, desplegar un comportamiento igualitario de comunicación verbal y no verbal con cada una de ellas, infundir la confianza suficiente, saber recibir los distintos tipos de comunicación, oír las razones que presentan, ser buen observador y mantener una escucha activa.

3. Intercambiar: para ello debe tener la suficiente experiencia en el manejo de las relaciones interpersonales, conocimiento no solo de la personalidad de las partes sino del entorno social, económico y cultural; debe, asimismo, saber jerarquizar prioridades, tener paciencia, tolerancia a la frustración y un buen manejo de la ansiedad.

4. Conocer el conflicto: estar debidamente enterado de la situación de controversia e identificar el centro del conflicto, el querer de cada parte y las posiciones asumidas por ellas, así como las razones que motivaron el problema.

5. Ser orientador y facilitador y no juez de las partes: es decir, indicar las distintas vías o caminos que se pueden utilizar en la aclaración del conflicto, lo que implica una actitud facilitadora

que permita encontrar salidas, mostrándose prudente y amistoso pero firme y concreto en el problema.

6. Hacer énfasis en las personas: implica tener en cuenta que los conciliantes son seres humanos con sentimientos, valores emociones y puntos de vista diferentes.
7. Propender por una "hermenéutica del discurso": quiere ello decir que en la ventilación del conflicto o problema generador de desacuerdo, el conciliador debe propiciar la lectura interpretativa de las posiciones externas, trabajo que exige un recorrido de interpretación y comprensión a partir de sucesivas argumentaciones sobre el fenómeno en cuestión, que a su vez alientan otras en pro de una co-construcción de nuevas realidades y acercan a las partes en la unidad dialéctica conciliadora, con la posibilidad de lograr la captación de un nuevo sentido del conflicto y del "otro" a partir de la asociación de significados.
8. Generar alternativas: consiste en crear distintas posibilidades de interpretación para que cada lectura del conflicto sea en verdad una dinámica de expansión que permita a la par de la lectura hermenéutica, el encuentro con el otro como "un legítimo otro en la convivencia" y elimine de la relación las actitudes dogmáticas.

El entendimiento de comunicación y lenguaje diverso contribuye a comprender contenidos abstractos con la realidad concreta, se acrecienta la inteligibilidad, se resalta lo que ya es conocido, se construyen nuevas representaciones en la comunicación, se refuerza la imaginación, creatividad y conexión,

Esto permite la comprensión en el proceso y con el mediador, a las partes y tiene las siguientes características:

- Contribuye al aprendizaje y al desarrollo de procedimientos.
- Permite reconocer y diferenciar conceptos e ideas de las partes
- Comprende las relaciones causales.
- Se pueden elaborar predicciones gracias a la información que se obtiene de la participación de las partes.

- Mejora la autoestima debido a la valoración y el conocimiento propio.
- Promueve la creatividad, la imaginación y el pensamiento flexible.
- Comprende los diferentes aspectos de la información que comparten.

Por lo que conocer los diferentes tipos del lenguaje permite que el mediador pueda referenciar en los diferentes estilos de comunicación y lenguaje que es lo que las partes quieren comunicar.

La idea es que las partes sigan participando activamente respondiendo a sus necesidades construyendo personalmente sus propios significados con la asesoría y guía del mediador, de ser necesario.

Lo que sucede es que en los conflictos se experimentan muchas emociones o sentimientos, que se viven y no siempre se sabe cómo expresarlos; esta dificultad para poder identificarlos y expresarlos, es común en muchas personas y profesionales sobre todo en áreas donde no es común expresar o manifestar emociones.

Las emociones y sentimientos tienen tantos matices como las notas musicales y aprender a identificarlos requiere de experiencia de vida que vienen con los años, para muchos puede ser sencillo, para otros complejo, pero sin duda en algún momento nos llegan de forma delicada o como un resplandor.

Aunque no se pueda expresar de forma clara, es evidente que en una situación de conflicto se manifiesta de alguna manera lo que se siente o se perciba de la situación por lo que en muchas ocasiones podemos observar diversas formas de expresar la situación, reconocer las diversas figuras literarias permite al mediador:

- Percibir las emociones y sentimientos.
- Reconocer la crítica, juicio y observación.
- Invitar a las partes a conectar con sus sentimientos.
- Reconocer las necesidades.

El fortalecimiento del vocabulario emocional trae consigo una mejor visibilización de lo que se siente, contribuye a tener relaciones más íntimas tanto personal como profesionalmente y comprender qué es lo que las partes están expresando para poder guiarlas comprendiendo sus emociones y necesidades.

8.6. ELEMENTOS PARA UNA MAYOR COMPRENSIÓN ENTRE LAS PARTES DESDE LA NEUTRALIDAD

8.6.1. La expresión como parte del ser

La expresión del lenguaje emocional claro permite mostrar que somos vulnerables como seres humanos y expresar lo que se siente, como también diferenciar lo que se piensa de lo que se siente, distinguir cuando se hace una descripción de lo que se piensa que es y lo que se siente, diferenciar entre palabras que describen lo que pensamos que otros están haciendo en torno a nosotros, permitiendo así describir claramente.

La expresión de sentimientos y emociones son particulares y únicas para cada persona, para (Maneiro Crespo, 2017), un primer acercamiento al tratamiento de las emociones es intentar hacer una clasificación de estas. Una forma clásica es diferenciar dos dimensiones: excitación, que mide la intensidad; y valencia, que mide el espectro positivo-negativo.

En este orden Plutchik crea en 1980 la rueda de las emociones, donde distingue ocho emociones básicas y avanzadas, esta clasificación propone los polos positivos y negativos ayudando a visualizar la intensidad y los matices utilizando los distintos colores para indicar el grado de expresión (Plutchik R., 2001), por ello su clasificación parece apropiada para el estudio y análisis dentro de la mediación y para los neutrales.

Imagen 1. Rueda de las emociones

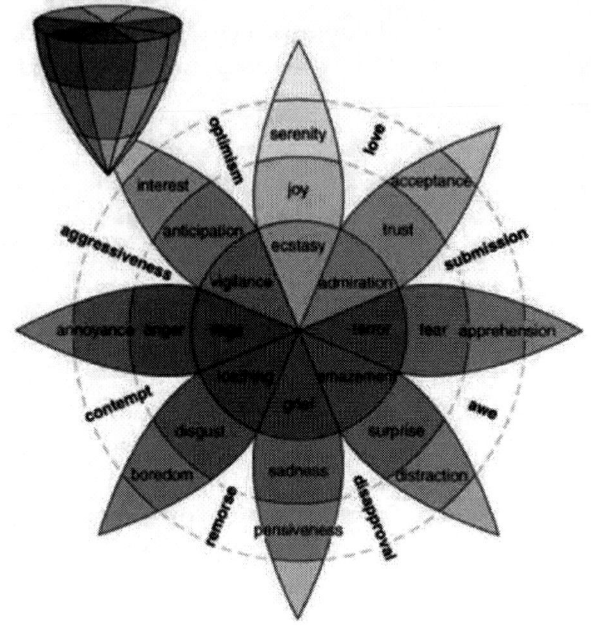

Fuente: Plutchik, 2001.

En los 80 Robert Plutchik trabajo en su teoría de las emociones en su libro: A psychoevoluonary synthesis, en 2001 publica el articulo denominado, "Nature of emotions" donde presenta un planteamiento evolutivo y adaptativo, de la rueda de las emociones y en 2003 publica "Perspectives From Psychology, Biology and Evolution" desde una perspectiva transversal que une a diferentes ciencias como la psicología, y biología.

También propone el "emotion procees" donde señala que un estímulo tanto interno como externo actúa como catalizador para el arranque de una cognición provocando un sentimiento, manifestando un comportamiento y teniendo un efecto (Plutchik R., 2003).

Entender la gestión emocional permite conocer cuando se elevan las diferentes reacciones, en la siguiente tabla se plantea lo expuesto por (Plutchik R., 2003).

Imagen 2. Diagrama gestión emocional

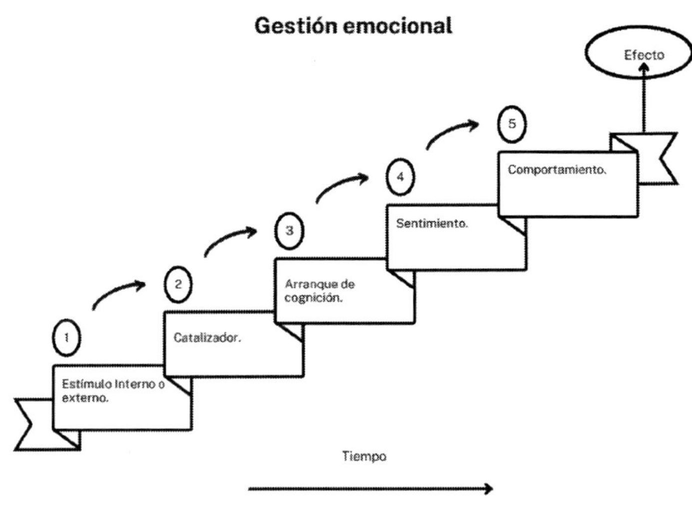

Fuente: Elaboración propia.

La gestión emocional que desarrolla el mediador permite desarrollar una forma de expresión clara del mensaje que se necesita transmitir sin agregar más elevación o tensión a un conflicto.

Hay elementos a considerar al expresar sentimientos con claridad ya que en ocasiones se confunde lo que pensamos con lo que sentimos y esto puede ser aplicado a situaciones, objetos o personas, a continuación se ejemplifican:

1. Situación: Siento que me debiste haber ayudado.
2. Objeto: Siento que el celular es lento.
3. Personas (yo, tu, el, ella, nosotros, ustedes y ellos): Siento que Ari es muy disciplinada- Siento que yo estoy constantemente entrenando.

Como se pude observar en los ejemplos anteriores no se expresa con claridad algún sentimiento solamente se comparte lo que se piensa y esto puede confundir a las partes y al medidor al momento de intercambiar información en un proceso, al expresar con claridad se pueden identificar también las necesidades que desprenden de estos sentimientos, en la siguiente tabla se presentan algunos ejemplos.

Tabla 2. Descripción

Descripción	Lo que se piensa	Lo que se siente
Descripción de lo que se piensa que es y lo que se siente.	Me siento una cantante excelente, en este ejemplo se evalúa la habilidad pero no se expresa el sentimiento.	• Me siento feliz conmigo misma como cantante. • Me siento tranquila conmigo misma como cantante.
Descripción de lo que pensamos que otros están haciendo en torno a nosotros.	Me siento abandonado cuando viajas por trabajo, esta es una interpretación de las acciones de otros mas no expresa el sentimiento.	• Me siento triste cuando te vas de viaje.
	Siento que mi equipo no me escucha, lo que digo no les importa, esto es una interpretación de como pienso que los otros me evalúan.	• El sentimiento pudiera ser desanimado, triste, molesto.

Fuente: Elaboración propia.

Las partes pueden presentar complicaciones al momento de expresar lo que sienten, por lo que se proponen las siguientes preguntas para comprender el sentimiento y así las partes descubran sin que el mediador generé su opinión de lo que considera que sienten, para así generar en las partes un reconocimiento emocional.

Las siguientes preguntas están enfocadas en incentivar a las partes a que comprendan que es lo que sienten para descubrir sus propias necesidades de acuerdo con ejemplos planteados; punto uno, ¿Qué te provoca la situación?; punto dos, ¿Porque piensan esto?; punto tres ¿Que sucede con esto?

El expresar el vocabulario sentimental tiene beneficios no solo personales, también en el entorno profesional, este lenguaje permite mostrar la vulnerabilidad, abre el corazón y conecta, permite ser reales para expresar y saber conocerse y lo que se necesita de forma clara.

Ese espacio de conexión con otras personas puede resultar abrumador porque permite conocerte expresando lo que sientes y también permite el encuentro en el espacio del otro y conocerse tal cual.

En este proceso de compartir se pueden tener muchas experiencias, lo que puede suceder en algunas personas es que el miedo al rechazo o el no ser aceptado por el otro, los frene para abrirse, y también darse cuenta de que no siempre se puede conectar a un nivel de profundidad que se quisiera o de pronto también se descubre que no fluye la relación.

Definitivamente el lenguaje racional, lógico y no emotivo, es funcional para ciertas actividades, pero él no expresar genera sus situaciones complejas, que en algún punto invita a conectar con esa parte que no se expresa.

El mostrar nuestra vulnerabilidad con los otros, permite la libertad de ser, sentir, de vivir, de conocerse en esas diferentes expresiones de la naturaleza que habitan dentro, permite observarte, transformarte, crecer y evolucionar, además que expresar la vulnerabilidad conecta con tu sensibilidad y permite conocerte para así saber cómo resolver conflictos personales y con otros, en cada encuentro hay aprendizaje de vida.

8.6.2. Gestión emocional del conflicto

De acuerdo con diversos estudios como el de (López, 2020), los problemas y conflictos a un nivel mundial han ido en incremento, estas investigaciones nos dicen que esto sucede tanto en adolescentes como en adultos, debido a diversos factores externos e internos, los primeros tienen una relación directa con cuestiones sociales económicas, políticas y de salud, y los segundos con el autoconocimiento y la gestión emocional, es por ello que conocerlo desde diferentes puntos y cómo evoluciona, permite lograr una gestión emocional del conflicto positiva que tiene como objetivo transcenderlo y aprender de el para generar bienestar personal y colectivo.

El conflicto tiene una comprensión multidisciplinar y se puede ver desde diferentes enfoques como el psicológico, a un nivel muy general podemos decir que estudia la psique y cómo determinados pensamientos condicionan la conducta, el sociológico tiene que ver con diversas corrientes o teorías de pensamiento y como estas impactan las estructuras sociales en determinados periodos y países, también podemos mencionar otros como el económico, el político, y el de la salud que es un tema muy reciente debido a su gran impacto mundial el de la salud.

Cuando hablamos de conflicto podemos decir que existen diferentes puntos de vista, Freud, por ejemplo, influenciado con las corrientes darwinistas ve el conflicto con mucha dificultad, nos menciona que este es una reacción violenta ante una crisis y que además está es la forma natural de responder ya que las personas son dominadas por las reacciones instintivas para poder convivir en sociedad, hay que recordar que estos son estudios antiguos por lo que las investigaciones respecto a este tema siguen actualizándose e inclusive ver desde otras perspectivas.

Cuando hablamos de conflicto también podemos encontrar clases y dentro de ellas se distinguen los positivos, que contribuyen a generar acuerdos, al lograr alianzas, buscar alternativas para solucionar; en ellos se observa que las partes están trabajando en conjunto con colaboración, buscando un bien común, y tienen características muy especiales.

Lo que se observa cuando un conflicto se está gestionando positivamente son las siguientes; son reales porque la información que se analiza es muy clara y tiene que ser verídica, no se presta a interpretaciones o imaginaciones, además son funcionales, porque a través de la información que se tiene se busca llegar a una buena solución, son flexibles porque tienen esta apertura al cambio no se centran en posiciones, se puede ver que las partes cooperan entre ellas mismas y tienen la intención de colaborar en conjunto, el enfoque negativo sería todo lo contrario a lo que ya se mencionó es decir; son irreales, son disfuncionales, son inflexibles, agresivos o competitivos.

En los tipos se hace una división de los intrapersonales, que tienen que ver con uno mismo, pues son internos, estos tienen relación con la autoestima, la identidad, con la construcción del yo, las creencias los valores y los principios, también podemos encontrar los interpersonales que están enfocados al exterior.

Conocer la naturaleza del conflicto ayuda aprender sobre su gestión emocional, porque generalmente cuando se habla de él, se tiende a verlo con una connotación negativa donde todas las cosas siempre salen mal, aprender a gestionarlo propone que la situación mejore.

La gestión del conflicto plantea en un primer parte el conocimiento de yo, y la aceptación plena del yo como acto de amor, esto a su vez permite la aceptación y transformación de las emociones y sentimientos que se experimentan para que se aprecien desde la neutralidad, paz y equilibrio.

La segunda etapa habla un aspecto contextual que se divide en tres partes el primero habla de la intención de las partes para querer solucionar el conflicto, la emoción y el sentimiento desde donde se planteen dichas soluciones puede generar un desenvolvimiento más positivo, la segunda habla del reconocimiento y se trata de darle espacio al otro para que también procese sus sentimientos y emociones.

Imagen 3. Gestión emocional del conflicto

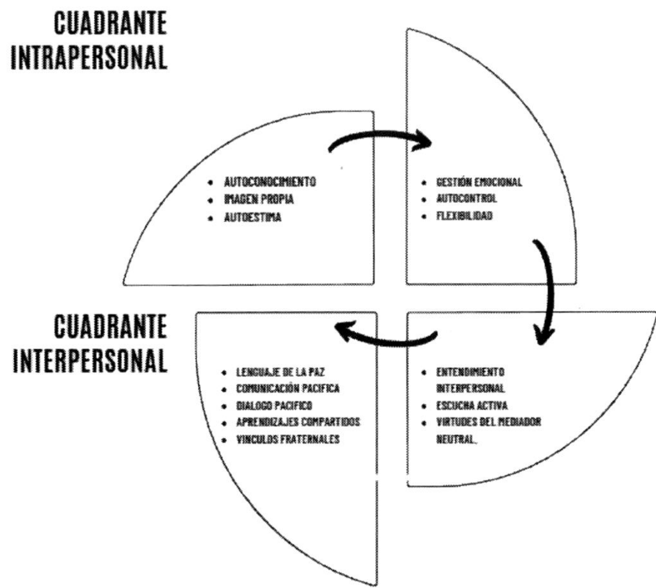

Fuente: Elaboración propia.

Generando sentimientos de aceptación y comprensión para así lograr mayor empatía, conociendo su historia, su percepción y su realidad, y finalmente una tercera parte que tiene que ver con que las partes comprendan la situación, los mediadores a través de sus cuestionamientos son la clave para que las partes tenga mayor claridad.

La gestión emocional del conflicto concluye con una parte fundamental que trata sobre agradecer la experiencia y los aprendizajes compartidos, generando mayor experiencia y aprendizaje.

Hay que recordar que el principio de autonomía, parte de la idea de que la resolución depende de las partes es un elemento esencial de su actuar, acompañado de la guía del mediador, los terceros intervinientes tienen la función de bajar el nivel de desconfianza y generar mejores canales de comunicación entre ellos.

Por lo tanto "A medida que la intensidad del conflicto avanza, las comunicaciones se constituyen en uno de los problemas fundamentales al que es necesario prestarle mayor atención" así el mediador puede dialogar entre ambos intervinientes al ya que su formación le permite entender con facilidad los temas y las percepciones, clarificando con mayor precisión por lo que la comunicación para los terceros neutrales se vuelvo objeto de estudio, que se desarrolla en los siguientes capítulos.

Entonces el mediador no solo ayuda a entender el conflicto y solucionarlo, sino que ayuda a la comprensión de ambas partes, respecto a la información que no había sido tranmitida y recibida de forma correcta entre ambas partes, y además ayuda a la reconstrución del afecto, como lo vimos en los primeros capítulos de esta obra.

8.6.3. Comunicación y lenguaje

Nuestra vida cotidiana, científica y escolar está impregnada por los modelos como vía que facilita la comprensión y el entendimiento de los mensajes que se reciben desde los diferentes campos. Especial importancia adquieren los modelos en la didáctica de las ciencias (Fernández, Elortegui, Rodríguez, & Moreno, 2001).

Hay elementos que contribuyen a las mediaciones y esto radica en "relacionar suficientemente los conceptos y los contenidos abstractos con la realidad cotidiana" (Fernández, Elortegui, Rodríguez, & Moreno, 2001), diversas investigaciones en psicología cognitiva nos dicen que "apropiarse de cualquier aspecto de la realidad supone representarlo, es decir, construir un modelo mental de esa realidad" (Izquierdo, 1999).

La idea de comprender la comunicación y lenguaje diverso permite una mejor visualización de conceptos que estén relacionados con una vivencia o una experiencia que se observe experimental o previa y relacionar estos aspectos de la comunicación y lenguaje diversos o abstractos con estructuras más simples o familiares para las partes (Clement, Learning Via Model Construction and Criticism, 1989).

El uso de las comparaciones en sus distintas modalidades (metáforas, símiles, analogías, etcétera) constituye una actividad espontánea de las personas a la hora de dar sentido a lo desconocido, comunicar su realidad, percepción, situación, sentimiento, emoción (Fernández, Elortegui, Rodríguez, & Moreno, 2001).

Las partes en un conflicto de acuerdo con el proceso tienen que comunicar una representación de la situación de forma explícita con su significado y con su dimensión histórica comprendiendo que es lo que sienten y necesitan.

Pero cuando no se aclaran las relaciones entre el contenido comunicacional, conceptual, de procesos y de actitud, surgen problemas de superposición y falta de entendimiento entre el emisor, el receptor, el tercero neutral por la confusión de forma y contenido.

La comprensión de la comunicación y lenguaje diverso tiene un papel significativo a la hora de solucionar conflictos ya que motiva a la transformación y entendimiento de las ideas comunicadas, a su desarrollo, imaginación, flexibilidad conceptual y creatividad, permitiendo mayores conexiones de entendimiento, permitiendo conectar, la teoría, la realidad y la abstracción.

Se observan las siguientes características de la comunicación, mensaje y lenguaje.

1. El mensaje está formado por componentes de comunicación y de lenguaje que intercambian emisor y receptor.
2. Cada componente tiene percepciones, características, atributos, hechos.
3. Estos componentes tienen nexos y correlación entre el receptor y el emisor.
4. La correlación del mensaje puede ser positiva, negativa, diferente, nula o neutral.

Imagen 4. Diagrama de comunicación

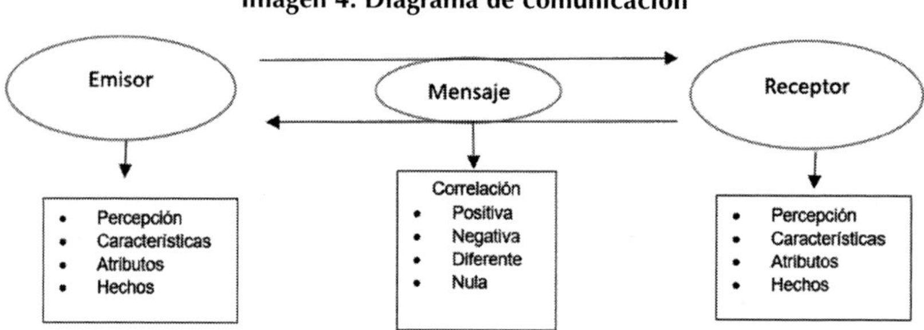

Fuente: Elaboración propia.

Conocer los diferentes tipos de comunicación y lenguaje permite comprender las comparaciones que se hacen de acuerdo con las percepciones, conceptos, principios, leyes, para hacer más comprensible una idea compleja que algunas de las partes expresa pero por diversos factores en el proceso de comunicar el mensaje no se comprenda, contribuyendo al desarrollo de ideas abstractas como un recurso intuitivo que permita comprender las líneas de pensamiento.

Sin embargo, en la mediación la comunicación entre los sujetos tiene una variante, y es que el mediador está entre ellos ayudando a transmitir el mensaje de forma adecuada. Colaborando con la comunicación efectiva de las partes, con la finalidad de que el conflicto se resuelva.

8.6.4. Las figuras literarias

El mediador tiene como herramientas las figuras literarias, que son un recurso que se usa en el lenguaje de la vida cotidiana y en distintas áreas del conocimiento para comunicar ideas, pensamientos, contextos o situaciones y así identificar qué elementos o semejanzas tienen en común.

Las figuras literarias tienen diversas características que se pueden resumir de la siguiente manera:

1. Permiten el aprendizaje personal y compartido: ya que se muestra de forma creativa y diferente la comprensión de alguna situación a través del lenguaje, conociendo la percepción o hecho, lo que promueve el razonamiento para entender la posición del otro buscando elementos iguales o diferentes.
2. Promueve el entendimiento de conceptos, ideas u objetos, ya que en ocasiones el significado puede ser diferente para cada parte.
3. Formula de forma esquematizada relacionando los conceptos comunes y diferentes entre sí.
4. Contribuye a que los interlocutores conozcan el significado de las ideas compartidas.

Para comprender mejor el significado del mensaje entre los interlocutores, así al identificarlas se puede determinar un significado objetivo y tener una mayor comprensión de lo que las partes quieren comunicar durante el proceso (Mayoral, 2005)), define que las principales funciones de estas figuras son:

- Reforzar un mensaje en el que el autor quiere enfatizar.
- Transmitir una emoción con respecto a un tema o situación.
- Hacer comprender la relevancia de un tema.
- Generar un espacio para la reflexión.
- Causar asombro.
- Expresar algún término o tema de una forma poco común.
- Llamar la atención del lector.

- Permitir que se intuya el sentido de la afirmación.
- Enriquecer la expresividad.
- Transmitir ideas complejas de forma más simple.

Las figuras literarias se utilizan en diversos campos del conocimiento como parte del lenguaje tanto coloquial como formal y se usa en diversas áreas como la filosofía, química, biología, entre otras ciencias, existen diversos estudios como los de (Aragón, Bonat, Cervera, Mateos, & Oliva, 1997), donde investigan el uso de estas figuras y como sirve de apoyo en el aprendizaje académico de los alumnos y en diversos usos profesionales.

Estas figuras son una forma creativa de explicar o comunicar conceptos, ideas, cuestiones científicas, además su uso y entendimiento y experiencia permite resolver problemas y con este conocimiento solucionar eventos futuros con características similares, existen diferentes tipos y cuentan con un catálogo sumamente extenso por lo que para los fines de este trabajo se presentan las más frecuentes que son las siguientes:

Anáfora: es un término que se utiliza varias veces al comienzo de una oración o de un verso ¡Corre, corre, que te alcanzo!

Símil: Se observan dos términos uno real y otro figurado que enfatiza lo que se quiere decir y se basa en la relación de la semejanza que tienen las cosas; Sus ojos eran verdes como las hojas de los árboles.

Metáfora: Es un recurso muy expresivo que busca trasladar un significado de un concepto a otro para establecer una relación semejante entre ambos; Su cabeza se pintaba como la nieve.

Paradoja: son dos ideas contrarias que transmiten verdad de fondo; Es un pequeño gran hombre.

Hipérbole: Se hace una comparación en el relato de forma exagerada o que se disminuye una circunstancia; te lo dije un millón de veces.

Sinécdoque. Hace referencia a una parte nombrando al todo o viceversa; ayer toda tu familia te espero durante la cena, en lugar de decir tus tres hijos.

Ironía: Transmite lo contrario de lo que se comunica; ¡Qué gran noticia saber que no quede seleccionado como finalista en la competencia!

Sinestesia: Es la asociación de percepción de un sentido a otro; Su voz era como la miel.

Paralelismo: Se repiten palabras o conceptos de una determinada estructura; amar y querer, apreciar y pensar.

Epíteto: se hace uso de los adjetivos para enfatizar el mensaje; Su corazón era tan grande y lleno de amor.

Alegoría: ocurre cuando se describe algo sin nombrarlo y se hace uso de sus asociaciones metafóricas o alusiones indirectas.

Las figuras literarias contribuyen a comprender el lenguaje, las diversas formas de expresión de cada ser, comprendiendo que no se puede tener una expresión demasiado cuadrada o lineal pues somos seres humanos expresando, respecto a este tema expertos como (Posner, Strike, Hewson, & Gertzog, 1982), señalan que las analogías y las metáforas constituyen instrumentos "para sugerir nuevas ideas y hacerlas inteligibles".

En la misma línea, (Osborne & Freyberg, 1993), sugieren que las analogías son una herramienta que los profesores pueden usar además de la experimentación y la demostración, para acrecentar la inteligibilidad y plausibilidad de las explicaciones.

Otros autores como (Ogborn & Martins, 1996), afirman que las metáforas y analogías constituyen un aspecto esencial en el proceso de formación mental de las representaciones del mundo que nos rodea, así como de las inferencias que se pueden derivar de ellas.

Como se mencionaba en capítulos anteriores se vive una era de interconectividad y de la información por lo cual contar con elementos que contribuyan a manejar la complejidad que del intercambio se pueda dar a fin de transformar las situaciones de conflicto en un entorno seguro, tranquilo y de bienestar vuelve a todo ser humano en agente activo de la paz y la innovación.

(Drucker, 1992), menciona que hay dos cuestiones que contribuyen al flujo de la información para realizar cualquier actividad dentro de un entorno laboral la primera: ¿Cuál es la información que se necesita, así de como de quien, cuanto y cómo?, y la segunda: habla de la información que se tiene que proporcionar a los demás respecto a la actividad que realizan, de qué forma y cuando.

Respecto a la comunicación interna (Fernández B., 2007), menciona que su principal función es servir a la gestión actuando como un instrumento facilitador que permite actuar al servicio de la dirección y como vehículo del desarrollo de la cultura y la forma de relacionarse determina y sirve como apoyo para la comunicación externa.

El proceso comunicativo interno de las organizaciones debería situarse tanto en el plano táctico como en el estratégico, ya que la estrategia se ha de diseñar en función de las posibilidades mediáticas.

Sobre este tema también menciona que los medios son importantes en conjunto con los profesionales de la comunicación y que son considerados como uno de los tres pilares fundamentales en el proceso de comunicación interna, tomando en cuenta los contenidos y los estilos (Fernández B., 2007), señala que la importancia de los medios es tal que las decisiones sobre su uso se insertan en el proceso de planificación de la estrategia comunicacional.

8.6.5. Comunicación interpersonal e intersubjetiva

En este apartado se busca la comprensión de la comunicación interpersonal e intersubjetiva, presenta algunos elementos de estas y como se vincula en la persona neutra y dentro del proceso de mediación.

Para muchos académicos de acuerdo con (Rizo García, 2014), los términos de comunicación interpersonal e intersubjetiva resultan como sinónimo, sin embargo los fundamentos teóricos bajo los cuales se abordan son distintos. Dentro de la psicología mayormente se han encontrado trabajos en donde ha sido definida la comunicación interpersonal, mientras que la comunicación intersubjetiva se desarrolla desde una mirada filosófica.

Así (Rizo García, 2014), menciona que se trata del interaccionismo simbólico, la sociología fenomenológica y la teoría de la acción comunicativa, que comparten el interés por la comunicación más allá de las interacciones cara a cara en la que todo sujeto social se ve inmerso cotidianamente.

La comunicación intersubjetiva destaca la construcción social que es inherente a al fenómeno comunicativo, puede ser respecto a una situación. La comunicación interpersonal se concibe en el momento concreto en el que al menos dos personas establecen un contacto comunicativo, sea cual sea el fin o el objetivo de este, por lo que para este tipo no se requiere ninguna teoría, ni aproximación conceptual para definirla.

Para (Millán, 2012) considera que "la comunicación interpersonal tiene un carácter ateorético, es decir que ocurre, que acontece, aún sin que uno se proponga observar o ejecutar algún concepto abstracto proveniente de algún marco teórico concreto".

Cuando se habla de comunicación intersubjetiva se hace una elaboración teórica-conceptual concreta (Rizo García, 2014), "Sólo es posible hablar de comunicación intersubjetiva en la construcción racional y consecuente de conceptos teóricos que ya nacieron desde la teoría" (Millán, 2012), en este sentido hay un acercamiento teórico al hecho comunicativo.

La comunicación interpersonal es un hecho que acontece en el día a día y que no requiere de alguna forma teórica ya que cuando se quiere pensarla ya aconteció.

La "intersubjetividad", ampliamente abordado por la sociología fenomenológica y por la teoría de la acción comunicativa, y que se relaciona con la posibilidad de intercambio de perspectivas apuntando a la construcción social de un mundo compartido (Rizo García, 2014).

Para comprender mejor la comunicación intersubjetiva se presentan distintas perspectivas, el interaccionismo simbólico que habla de la capacidad interpretativa de los sujetos sociales, la sociología fenomenológica aproxima este concepto desde la lógica de la construcción de acuerdo a lo que le dan sentido a las personas en vida compartida, y la teoría de la acción comunicativa que involucra ciertos rasgos de racionalidad, argumentación, validez y búsqueda de concesos para que esta tenga lugar (Rizo García, 2014).

La intersubjetividad ha sido abordad desde diferentes áreas como la filosofía, las ciencias y psicología sociales, esta hace referencia a los acuerdos, a loa significados compartidos y los significados derivados de la construcción colectiva que emerge de la interacción, también permite interpretar los elementos del entorno, logra construcciones colectivas dándole significado y permitiendo consensos para la formación de ideas (Rizo García, 2014).

8.6.6. El uso de los esquemas conceptuales intersubjetivos para la comprensión de proceso

Menciona que para los científicos incluidos los físicos han estado asociados a la reconstrucción y reformulación de las ideas del mundo físico y son referidos como reformuladores y creadores de "investigaciones imaginativas" (Driver, 2006).

También nos dice que recientes investigaciones en el campo de la psicología cognoscitiva, sugiere que el aprendizaje de materiales complejos tiene lugar en la organización y reestructuración imaginativa de experiencias anteriores, antes que la asimilación de nueva información (Driver, 2006).

Como ejemplo pudiéramos plantear lo que sucede al acelerar un coche que esta en reposo o el observar la caída de una pelota de un sexto piso alguien que la observe la vería caer, golpear el piso y rebotar, un científico al interpretar estos fenómenos tal como pensaría en términos de campo gravitatorio, energía, cinética, peso, velocidad, aceleración, sin embargo, ninguna de estas ideas o concepto son hechos observables directamente; "constituyen esquemas conceptuales intersubjetivos que se relacionan entre si de manera precisa y que se utilizan para descubrir, predecir, y explicar sucesos" (Driver, 2006).

Así se puede decir que cualquier persona que observe la misma situación hará sus propios esquemas al analizar, pero estos pueden diferir, por el proceso de aprendizaje, vida y experiencia, ya que es diferente para cada persona, no solo con conceptos físicos si no también los abstractos, pudiéramos pensar en términos de significados; el arte, la poesía, la música, cada uno puede hacer reinterpretaciones pues cada uno asigna un significado.

Existen estudios donde se analiza la construcción de estos esquemas para el aprendizaje de leyes naturales como en la física que contribuye a su aprendizaje, antes de su aplicación se observa una interpretación individual y diferente para cada persona, por lo que para la enseñanza y el aprendizaje representa un reto, ya que al ser ciencias exactas debería ser más fácil su construcción y esta comprobado que no es así tal como lo mencionan en el artículo de investigación y ciencias didácticas (Driver, 2006), sin embargo, estas construcciones imaginativas contribuyen a mejorar el aprendizaje por lo que se sigue profundizando en su metodología.

Este apartado considera las siguientes cuestiones para la comprensión de proceso de mediación con los esquemas conceptuales intersubjetivos, por lo cual surgen las siguientes preguntas:

¿Que se conoce sobre los esquemas conceptuales intersubjetivos y como se pueden usar para comprender los conflictos? ¿Que sugiere la psicología cognoscitiva sobre la modificación o reinterpretación de cada persona? ¿Que implicación puede tener en el proceso de mediación, mediador y la neutralidad?

El estudio de las ideas intuitivas y los fenómenos naturales en la última década han sido una línea estudiada a través de diversas formas como shemata (Champagne 1983), teorías ingenuas (Caramazza et Al 1981), esquemas, conceptuales alternativas (Driver y Easley 1978), (Watts 1982), o ciencia de los niños (Osborne et Al 1983), (Driver, 2006).

Estos esquemas plantean estar dotados de cierta coherencia por lo que pueden contribuir a los procesos de mediación, cuando escuchamos a las partes explicar sus concepciones o los significados que asignan se puede observar que pueden ser coincidentes y validos en situaciones similares, es decir se puede llegar a un acuerdo en con las ideas que comparten durante el proceso pues entre ellas se entienden, se genera la comprensión y la comunicación activa.

Pero cuando sucede el caso contrario no se trata de ideas irracionales, si no que más bien se fundamenta en permisas diferentes y de concepción respecto a lo que se siente y el desacuerdo radica en el intento racional de explicar algo que se siente lo cual es complejo ya que el sentimiento es único para cada ser que lo experimenta.

Es la vida cotidiana donde el conflicto puede estar presente y contar con elementos que ayuden para su resolución en todos los contextos y desde diferentes perspectivas se puede observar que no en todos los enfoques de la ciencia aparece la necesidad de construir una mecánica que contempla todos los movimientos pues es impreciso e incalculable, pero si que hay herramientas que pueden ayudar a mejorar las situaciones.

Cuando se trata de explicar un conflicto en ocasiones se puede manejar un lenguaje impreciso para comunicar, se pueden observar diversas ideas dentro de la comunicación como los son las explicitas, implícitas, intuitivas o por inferencia.

Respecto al proceso de mediación se puede encontrar en algunos casos que muestren algunas semejanzas, las mismas características físicas, ideas, por lo que la construcción de los esquemas conceptuales puede ser similar lo que haría más rápida la construcción de caso dentro de un proceso.

En algunas ocasiones aunque se pueda comprender perfectamente la teoría respecto al conflicto y el proceso puede ser complicado en la aplicación de los fenómenos físicos reales, y aunque somos seres humanos que podemos conocer lo que es cada emoción y sentimiento, cada uno lo experimenta de forma diferente y también pasa con los niveles de intensidad. (Driver, 2006) se considera tres visiones de como tiene lugar el aprendizaje, así además se plantea que como mediadores, que no solo debemos interesarnos por comprender las ideas que previamente las partes poseen al iniciar el proceso si no también la dinámica de cambio cognoscitivo, para así guiar la práctica y la planificación de nuevos métodos tanto científicos como alternos que sigan contribuyendo con el objetivo de generar mayor bienestar a las partes.

Se consideran tres concepciones sobre el aprendizaje: la orientación evolutiva, la orientación behaviorista, visión constructivista (Driver, 1982) considerando que este campo de estudio es amplio y sigue en expansión.

La primera postula que postula la existencia de estructuras cognoscitivas en el cerebro que procesan la información e influencian las interacciones del individuo con el medio externo (Driver, 2006), este tipo de aprendizaje es desarrollado en etapas, existe la del pensamiento abstracto o formal cuyas características son esenciales para la comprensión de la ciencia, en la cual se suelen presentar dificultades por falta de estructuras lógicas, esta teoría busca adecuar lo que se aprende a la etapa del desarrollo cognoscitivo del alumno (Shayer & Adey, 1981), o bien desarrollar estrategias para acelerar el proceso de aprendizaje.

Los resultados de varias investigaciones realizadas por psicólogos y educadores muestran que las estructuras lógicas que utilizan los estudiantes dependen en gran medida del contexto de la tarea, poniendo así en cuestión la idea de etapas coherentes.

La segunda teoría es la behaviorista, no habla del conocimiento interno ni su organización y tampoco hay limite de edad para el aprendizaje adopta una visión optimista. Postula que pueden construirse series de comportamientos, habilidades o conceptos de complejidad creciente, a través de programas de instrucción cuidadosamente elaborados.

La tercera vía con aportes de la psicología cognoscitiva plantea que; "el comportamiento inteligente de una persona no depende de unos «procesos de pensamiento») abstractos, sino que depende íntimamente de la clase de conocimiento que, la persona tiene acerca de la situación particular" (Resnick, 1983).

Para comprender como tiene lugar el aprendizaje complejo es preciso saber como las personas aprenden materiales particulares como se especializan en diversas áreas y diversifican su área de especialidad.Esta visión de cómo tiene lugar el aprendizaje está siendo desarrollada por psicólogos cognoscitivos, expertos en inteligencia artificial, especialistas en lenguaje y profesores de ciencias y de matemáticas, por esta razón hay psicólogos cognoscitivos estudiando física o matemáticas particularmente (Driver, 2006). Esta visión se denomina constructivista por el papel activo de quien aprende y presenta las siguientes características (Driver, 2006);

Lo que las personas ya saben tiene importancia; esto habla de los conocimientos previos que se poseen, sus concepciones y sus motivaciones, las concepciones previas influyen de formas diversas en cómo se interactúa con los materiales de aprendizaje en términos de interpretación de los fenómenos físicos y naturales, las explicaciones que se dan, esto permite determinar su observación, focalizar la atención y orientar en los procesos, situaciones.

Encontrar sentido supone establecer relaciones; esto plantea que los conocimientos pueden conservarse largo tiempo en la memoria no como hechos aislados, sino de forma estructurada e interrelacionados de múltiples formas, además menciona que los científicos de ciencias exactas pueden apreciar con mayor facilidad las estructuras altamente organizadas de conocimientos y las relaciones exactas presentadas por un mapa conceptual (Karplus, 1981).

Estas estructuras representan los denominados axiomas, sin señalar conexiones con las muchas y variadas instancias del mundo físico (Driver, 1982).

De lo cual (Driver, 1982). plantea que las investigaciones sobre las concepciones intuitivas sugieren que quizás todos tenemos una serie de ideas y conexiones semejantes que derivan de la experiencia física, plantea que cuando un objeto es lanzado por lo menos para las ciencias exactas se puede tener una expectativa de la trayectoria que seguirá, tomando como consideración el peso, la velocidad.

Además menciona que en el caso del conocimiento físico esta tan bien estructurado que no se hace explicito no siempre lo relacionamos con el conocimiento axiomático; de hecho podemos incluso no ser conscientes de las suposiciones que se hacen.

En la actualidad está emergiendo la comprensión de otra manera de cómo se organiza el conocimiento humano, por lo cual surge la distinción entre el conocimiento declarativo (conocer «qué») y conocimiento procesal (conocer «como») y que además los estudios del razonamiento se describen mejor mediante la representación de procesos (Driver, 1982).

(Norman, 1981)sugieren que «en muchos, sentidos parece que las personas poseen características más próximas de las que se atribuyen a los sistemas procesales que de las atribuidas a los sistemas declarativos.

Existe un tercer punto en conexión con los sistemas de estructuración del conocimiento y es la comprensión de las emociones y como estas juegan un papel fundamental en la orientación de nuestras funciones cognoscitivas, por lo que se deben de considerar al momento del aprendizaje (Norman, 1981).

Quien aprende construye activamente significados; (Wittrock, 1980), plantea las formas sobre las cuales comprendemos un texto y el mundo físico y siguiere que el aprendizaje se puede dar mediante las analogías que se pueden interpretar activamente de acuerdo con la experiencia y que en dicho proceso se pueden modificar dichas estructuras.

Ello significa que lo que determina nuestra actividad en cualquier situación, no es tanto lo que extraemos de ella cuanto las construcciones que aportamos a la misma. Esta propiedad constructiva del cerebro ha sido claramente demostrada por los fenómenos de ilusión óptica (Gregory, 1997). La perspectiva constructivista sugiere que más que «extraer» conocimiento de la realidad, la realidad sólo existe en la medida que la construimos.

En un estudio por (Clement, Student preconceptions in introductory mechanics., 1982), sobre este tema documenta como diversos expertos utilizan analogías cuando intentan resolver un problema de dinámica, además (Di Sessa, 1982), explica como diversos estudiantes universitarios explican fenómenos de física y el papel central que juagan las analogías en el desarrollo de pensamiento, en este caso es la explicación de la idea.

También (Driver, 2006), nos menciona qué; "la construcción de significados ya sea a partir de un texto, de un diálogo o de una experiencia física, implica un proceso activo de formulación de hipótesis o realización de ensayos, que son contrastados mediante experiencias sensoriales".

En donde de al existir la comprensión de la información se puede llegar a acuerdos y en caso contrario, se buscan otras alternativas de hacer sencillas las ideas o pensamientos a comprender. Puede suceder en algunas situaciones que las ideas, pensamientos o construcciones, ya existentes son solo utilizadas para dar sentido a la experiencia sin grandes cambios en la estructura conceptual (Driver, 2006),.

Pero que sucede cuando las ideas, conceptos o pensamientos, son diferentes sobre una misma situación, en este sentido (Driver, 2006), menciona que para dar sentido es necesario un proceso analógico durante el cual las ideas existentes son utilizadas de nueva forma, en la cual se conduce a una nueva construcción, este proceso que presenta interés en el estudio de la Física por ejemplo, se le denomina proceso de cambio en la organización del conocimiento o reestructuración (Norman, 1981).

Tomando como referencia los escritos de (Toulmin, 1972), sobre filosofía de la ciencia donde se postula las condiciones necesarias para el cambio conceptual y se identifican las siguientes condiciones; que se produzca insatisfacción de los conceptos existentes, ha de existir una nueva concepción inteligible que sebe ser plausible y potencialmente fructífera, abriendo nuevas aéreas de investigación.

La construcción de significados implica la existencia de expectativas y no ser simplemente un receptor pasivo de información, el segundo punto tiene que ver con la problemática en cuestión de lo que se acepta como aprendizaje significativo (Driver, 2006).

Desde el punto de vista constructivista para un aprendizaje significativo debe existir un acuerdo entre la experiencia y la concepción, para que la preocupación de las partes sea desplazada por la objetividad de ayudar a organizar guiándolos a construir sus propias ideas en una forma coherente para ellos.

Esta visión concluye con que los estudiantes son responsables de su propio aprendizaje, afirmando que para la perspectiva constructivista es una condición necesaria, ya que propone la atención de la tarea y el uso de sus propios conocimientos para construcción de significado, tomando en cuenta las actitudes que puedan exteriorizar (Driver, 2006).

8.7. EL LENGUAJE DE LA PAZ

El lenguaje es único para cada persona es la forma de expresión es un proceso de único para cada ser humano, los sentimientos, las emociones, el sonido, la expresión corporal forman parte de esto.

Desde tiempos antiguos podemos observar la expresión como parte de cada ser, cada cultura ha expresado a lo largo de la historia en todo el mundo, se pueden encontrar pinturas, jeroglíficos, canciones, escritos; hoy en día la comunicación digital y virtual también forma parte de ello, así a lo largo del tiempo hemos ido desarrollando nuevas formas de comunicar, expresar y conectar.

Así en cada país se comunica de forma distinta por los diferentes idiomas y cada uno de tiene palabras que permiten describir de forma diferente un mismo sentimiento, esto permite expresar, comunicar, dialogar y llegar a acuerdos.

La expresión a través del sentimiento es un proceso único para cada ser humano es algo que no se puede ver y que inclusive muchas veces la mente lógica no puede entender pero si se puede sentir porque lleva inmersa una carga energética.

Por eso cuando expresamos se pueden generar estados de mayor paz y calma aunque nuestro lenguaje sea limitado, pues la energía no tiene límites y expresamos a través del alma o la esencia que ya muchos pensadores y filósofos tanto como antiguos y contemporáneos describen.

Desde la filosofía y con un enfoque más poético tal como se muestran en los Versos Áuricos, la revelación de los conocimientos y las prácticas en que se basaba la vida pitagórica en la escuela del maestro de Samos proviene de las mismas fuentes iniciales: del Hieros-Logos o Palabra Sagrada que fundamentaba sus doctrinas y animaba su filosofía (Maynade, 1979).

Estos versos animaban a la reflexión del que hacer del día, y a manera de introspección antes de dormir se hacían las siguientes preguntas; "No permitas que cierre el dulce sueño tus párpados sin analizar las acciones del día. ¿Qué hice? ¿En qué falté? ¿Qué dejé de hacer que debiera haber hecho?" (Maynade, 1979), este es un camino que permite la autorreflexión, pero también se pueden hacer las siguientes afirmaciones; estás haciendo lo mejor que puedes, cada día lo haces mejor, eres valioso.

La filosofía plantea las siguientes preguntas para el autoconocimiento, ¿que somos?, ¿qué es el ser?, los griegos definen que todo ser tiene un alma, una mente, un espíritu, una esencia, y es en sus estudios es donde trataron de definir y de explicar que es cada una.

Para Sócrates, el cultivo del alma es lo más importante, este filosofo precisaba usar la virtud para su entendimiento, el alma permite desarrollar la razón, el yo consciente, lo que da paso a la personalidad intelectual y moral, por tanto, es hasta Sócrates que el término se refiere más específicamente a la excelencia moral humana, a un saber acerca del bien que puede ser comunicado mediante la enseñanza (Rodríguez Luño A., 2001).

Continuando con el desarrollo de la virtud desde el enfoque de la filosofía, tiempo después, el Hieros-Logos pasó, a través de algunos pitagóricos, a manos de Platón, donde se transcribe de acuerdo con lo enseñando por el propio maestro Pitágoras, sus a portes de las virtudes donde podemos leer lo siguiente: "La virtud es así como un don de Dios viene a los que la poseen y que la virtud y la sabiduría son las únicas riquezas necesarias para ser feliz" (Maynade, 1979).

Platón aprovechó sus enseñanzas para desarrollar su propia filosofía, para él, la felicidad en esta vida está aunada a la práctica de la virtud y al cultivo de la filosofía. Así la virtud es armonía, salud del alma, medida, metrón, proporción, simetría, ser libre para contemplar las ideas (Platón, 2013).

Platón plantea la teoría del alma en donde dice que dentro de nosotros habita un alma inmaterial y con una esencia particular, esta tiene más importancia que el cuerpo físico debido a que este eventualmente deja de existir y esta permanece, pues es eterna (Platón, 2010).

Este filosofo sostiene el dualismo mente cuerpo idea tomada de los pitagóricos, en la cual plantea que la estructura del alma tiene tres partes, la primera es la razón que debe guiar a la verdad a la cual corresponden la sabiduría, sophia, la ciencia episteme, el entendimiento intuitivo, la prudencia frónesis y el arte tekné (Sanabria, 1984), la parte irascible que se apoya de la racional para guiar, esta tiene voluntad, fortaleza andreia y carácter, finalmente la parte concupiscible la cual requiere de templanza sofrosine y moderación (Platón, 2010).

Conocer estos principios para los griegos significa vivir una buena vida, cada parte del alma; la concupiscible, la irascible y la racional, actúen mediante su virtud, a la idea de verdad, justicia y de bien, la ética platónica, nos dice que esta es la armonía del alma (Platón, 2010).

Ya Sócrates y Platón hacen sus escritos respecto a su entendimiento del alma, pero Aristóteles en su obra Anima también hace aportes respecto a este tema en el cual plantea que existen diferentes facultades del alma, enfocándonos en cuales reconoce en el ser humano se puede deducir lo siguiente, este tiene un alma vegetativa a la cual corresponde el crecimiento y la reproducción, nos dice que esta parte es común a los seres vivientes y no específicamente humana y esta actúa sobre todo en el sueño, para este filosofo el sueño " es la cesación de la actividad del alma", esta potencia nutritiva no tiene parte en la virtud humana (Aristóteles, 2010).

Por otro lado, también define, un alma sensitiva de la cual deriva lo placentero y se huye del dolor y por último un alma racional que es la más importante ya que esta da principio al pensamiento, con ella se pueden emitir juicios, se usa la razón y el intelecto.

Es Aristóteles a quien se debe el concepto de virtud como "una actividad del alma que pertenece al modo de ser, de comportarnos bien o mal respecto de las pasiones", la doctrina Aristotélica consiste en saber establecer el justo medio, es decir, poder comprender lo que significa la privación y el exceso, para la correcta construcción de una virtud (Hernández Reyes, 2020).

Siglos más tarde su estudio siguió con ideas más contemporáneas y adecuadas a la época a través de la psicología, que proviene del griego clásico ψυχή, psykhé, 'psique', 'alma', y λογία, logía, 'tratado' o 'estudio'.

Su evolución y forma de entender la esencia a lo largo de la historia es especial para cada cultura del planeta, el alma es la esencia más pura del ser, en ella se encuentra la energía de vida, en ella esta toda la información de lo que se es, los sentimientos, las emociones, las acciones; el alma guarda información de acuerdo con las memorias y a la experiencia que se acumula, esta tiene matices que cada ser experimenta y con en el tiempo se transforma y evoluciona, y también con cada aprendizaje crece y aprende.

La vida implica grandes experiencias con muchos matices de emociones y sentimientos a experimentar que enriquecen al alma, saber que cada una tiene su camino, su tiempo, que es perfecto y que tiene la soberanía y la libertad de expresar de sentir, de ser.

Podemos encontrar desde diferentes perspectivas filosóficas que definen que es la esencia, sin embargo, para describir la totalidad de lo que somos las palabras no alcanzan, por lo que sentir se aproxima.

Es el conocimiento del mundo interno lo que permitirá expresar con mayor claridad lo que sentimos, dándole espacio a la conexión interna, a la propia luz, guiados por la intuición, a los ciclos, al corazón, con claridad y orgullosos del ser que somos, confiando, desde un lugar que pueda brindar mayor entendimiento pero también mayor calma con las personas que compartimos.

Por lo que en situaciones de conflicto encontrar palabras que contribuyan a mejorar la situación puede resultar complejo, por lo cual, el conectar con la presencia puede ayudar a generar un entorno de mayor bienestar.

8.7.1. Comunicación pacífica

La comunicación es parte de nuestro día a día, es lo que nos permite expresar nuestras necesidades, puntos de vista, opiniones, la autoexpresión es única para cada ser humano y permite conectar y compartir.

Hay elementos que siguen en exploración para aportar a la paz por lo que este capítulo plantea diversos elementos para lograr una comunicación, para la promoción del dialogo pacífico y el lenguaje de la paz.

Cuando se aprende a escuchar la autoexpresión se genera un mayor conocimiento sobre cómo se siente y cómo se entiende o se puede llegar a percibir en el entorno que rodea, es un puente único que logra conectar con el sentimiento que se está expresando, y es a través de las pausas que se puede preguntar si esto es realmente lo que se quiere expresar o es la emoción del momento.

Las experiencias que se tienen en la vida son situaciones únicas y nuevas, por esto se puede tener mayor amabilidad con uno mismo y con los demás cuando no se tenga una comunicación efectiva o un diálogo pacifico, ya que muchas veces puede ser por impulso o reacción, que puede generar confusión o mayor elevación de un conflicto.

Las palabras que decimos tanto predeterminadamente como sin pensar son importantes más cuando compartimos con los otros y con mayor detalle en situaciones de conflicto tanto para las partes como para el mediador.

Es en este espacio donde las emociones pueden ser sensibles tanto para el mediador como para las partes, por lo que el dialogo pacifico propone una mayor gestión emocional para expresar con claridad necesidades, pero desde un espacio de amabilidad y comprensión.

La comunicación pacífica permite expresar y escucharse a uno mismo y a los otros, en lugar de juzgar, dictaminar y reaccionar, se convierte en la conciencia de lo que se percibe, se siente y se desea, para que a través de la expresión de la integridad, honestidad, claridad y colaboración, se entienda a los demás con respeto y empatía.

Parte de esta autoexpresión puede también relacionarse con la práctica del silencio, de la presencia de lo que se vive y se experimente, de comunicar una mirada cálida. Además permite observar condiciones o situaciones que pueden llegar a afectar y así definir una acción de lo que se requiere en cada situación, de manera amable expresando claramente sin agregar tensión, violencia y siendo propositivos de la tranquilidad y solución.

La escucha activa con nosotros y con otros permite clarificar qué es lo que la situación hace sentir y también entender el sentimiento de los otros, en lugar de juzgar a los demás o analizar, podemos enfocarnos en lo que vemos y sentimos y necesitamos, pero también tratar de comprender lo que necesitan los demás, así se puede expresar de forma tranquila y abrir el diálogo para mediar.

Para que se pueda dar una comunicación pacífica, se requiere de atención plena, escuchando lo que los demás dicen y la emocionalidad con la cual expresan, haciendo pausas conectando con la respiración y procurando que lo que se exprese no sea violento, agresivo o que pueda perjudicar el ánimo de las personas, e inclusive agregar mayor conflicto o confusión a la situación, quien logra expresarse de manera pacífica se siente bien en el sentido de que sus palabras pueden generar mayor bienestar y calma.

8.7.2. Flujo comunicacional

El flujo comunicacional y la información dentro de un conflicto de cualquier tipo y entorno son elementos primordiales a tomar en cuenta tanto en organizaciones, como en la vida cotidiana, el objetivo de estos capítulos es visibilizar la importancia de la comunicación en la solución de conflictos, negociaciones y entornos diplomáticos, por lo cual, saber cómo son los procesos comunicativos entendiéndolos como canales para hacer llegar la información a todas las partes involucradas de forma constructiva y pacífica, y que a su vez contribuyan a mejorar la situación, que sean apropiados y que se encuentren actualizados.

En la actualidad las organizaciones públicas, privadas y educativas, tienen gran apertura por la adopción de nuevo conocimiento multi e interdisciplinar, esto representa un valor agregado que permite hacer frente a los nuevos retos y cambios que la globalización, la tecnología, el surgimiento de nuevas economías y la sociedad plantean.

Para (Gutiérrez Pulido, 2020), "algunos cambios han sido generados por innovaciones y desarrollos en cambios que antes estaban desarticulados, como la inteligencia artificial, el aprendizaje automático, la robótica, la nanotecnología, la impresión 3D, la genética y la biotecnología.

Los cambios de paradigma no solo impactan en el sector tecnológico otro factor a considerar es el recurso humano, en este sentido Deming menciona que ninguna organización puede sobrevivir sin las personas adecuadas y en su principio trece plantea que; "es necesario estimular la educación y la automejora de todo el mundo" (Deming, 1989).

Esta filosofía gira entorno a que todas las personas aprendan y mejoren continuamente que tengan una percepción mas amplia del acontecer mundial, no solo que se proporcione capacitación en temas relacionados a su área, también en cuestiones más variadas para que contribuyan al conocimiento, en este sentido (Gutiérrez Pulido, 2020), menciona que; "sería deseable, que de manera permanente, todos los miembros de la empresa llevaran a cabo lecturas relacionadas con el trabajo, la vida y el acontecer cotidiano, lo cual permitiría mayor reflexión para la creatividad y la innovación".

Este aumento de conocimientos trae como resultado culturas de alto desempeño, la cual hace referencia a todos los métodos y herramientas que se aplican para lograr resultados superiores a los esperados.

Kay Kendall y Glenn Bodinson, proponen cinco condiciones de colaboración que caracterizan a las culturas de alto desempeño; la flexibilidad y la apertura que tienen a los cambios de paradigma, la respuesta rápida que pueden dar a las necesidades tan cambiantes, la innovación, la confianza, la comunicación, los conocimientos y habilidades compartidos y el enfoque para dar un buen servicio con compromiso y ética.

Esto permite la transformación de las organizaciones por medio de procesos de comunicación, para la toma de decisiones y soluciones de problemas, que busca que las personas trabajen en equipo (Robbins, 2004).

Sobre este tema (Timm, 1986), considera que la comunicación es parte vital de todas las organizaciones, en la cual existe la interacción dada por el trato, y el contacto que se establece entre las personas, en diferentes contextos e intervalos de tiempo.

la comunicación constituye parte esencial en el desarrollo de la capacidad, motivación y productividad entre los diferentes miembros de organizaciones y que esto mejora sus niveles de efectividad y eficiencia.

Por lo que se considera que todas las relaciones se establecen gracias a esta, estos procesos de intercambio permiten expresarnos, compartir ideas, conectar con las demás personas, escuchar lo que los demás piensan, intercambiar, crecer, dentro de un entorno organizacional y en la mediación permite, dar sentido a las situaciones, generar y establecer acuerdos y compromisos.

Así que gracias a la comunicación se pueden predecir e interpretar los comportamientos, se planifican y evalúan estrategias que contribuyan a movilizar el cambio, se establecen metas individuales y grupales en un esfuerzo conjunto que beneficie a todos.

Según (katz, & Kahm, 1993) la comunicación organizacional debe contemplar las direcciones descendente, ascendente, horizontal y diagonal, permitiendo así mayor y mejor entendimiento entre todas las partes que participen dentro de un proceso.

Es debido a los cambios de paradigma en diversas áreas del conocimiento donde las ciencias están tomando nuevas formas de entender al mundo, generar el conocimiento y nuevas sensibilidades que incluye un conocimiento multicultural para explicar los fenómenos en esta actualidad reconstruyendo lo existente y creando bases más fuertes.

La comunicación dentro de las organizaciones se percibe desde un paradigma transdisciplinario, donde están presentes las diferentes categorías como la psicología, la comunicación, el diseño, el recurso humano, el mercadeo, la administración, la gerencia y muchas otras.

Este enfoque se fundamenta en la necesidad de responder a los fenómenos que surgen y que se pueden observar en todos los niveles respecto al conflicto, a las nuevas maneras de compartir información de manera multicultural y globalizada, en donde las tecnologías de la información son una parte importante, así la libertad de expresión en las sociedades actuales es una variable constante a micro y macro escala.

Así la dialéctica pacifica surge porque contribuye a compartir el mensaje, ya que la asimilación de la información sea cual sea el medio por el cual se comparta, tiene un impacto en la vida de las personas debido a que influyen factores como la geografía, creencias, culturas y formas de pensar, la información viaja a cualquier parte del mundo debido a la globalización y conectividad.

Por tanto, el proceso comunicacional dentro de la mediación es un gran pilar y el trabajo sinérgico entre el mediador y las partes, permite que responda a los cambios con creatividad para superar situaciones de entendimiento de la información y emocionales complejas de forma neutral, imparcial y flexible.

La integración de diversas perspectivas que contribuyan al flujo de la comunicación determina la necesidad de que este proceso sea bien entendible aportando cada una desde su área y disciplina para los diversos paradigmas que se presentan.

Por lo que no se trata de entender desde conocimientos dispersos, mas bien que tiendan hacia el entendimiento y que pueden se aplicar en el proceso y con las partes, logrando así mayor paz al comunicar y generando entornos personales y comunes de mayor bienestar.

La comunicación organizacional es un conjunto de técnicas y actividades que permiten facilitar y agilizar el flujo de mensajes que se dan entre las diversas personas que interactúan en un entorno, en la cual se consideran los medios, las opiniones, las actitudes y las conductas, de las personas internas y externas que están involucradas dentro de una organización.

Las diversas técnicas y procesos deben partir de la investigación, ya que a través de ellas se conocerán los problemas, necesidades y áreas de oportunidad en materia de comunicación.

El flujo de comunicación es un proceso en el cual intervienen factores, como la cultura, los valores, el diseño, los medios, los procesos y las personas que participan en los procesos.

8.7.3. Dialogo pacífico

El dialogo pacifico contempla en primera instancia conocer el contexto personal, social e internacional, esta visión permite comprender que en estos últimos años han sucedido cambios planetarios que son del interés de todos los seres humanos que habitamos este planeta, estoy cambios han traído para todos cambios importantes en todos los aspectos, personales, económicos, sociales, políticos y culturales.

Han surgido nuevas cuestiones y se han replanteado otras en muchos aspectos de la vida, trayendo así situaciones complejas para poder llega acuerdos en lo que respecta a las diversas y múltiples ideologías.

El tema del bienestar es una practica que se sigue desarrollando desde diversos enfoques de la ciencia que plantean el autoconocimiento como la base el florecer como ser humano, por lo que la conexión emociona y su gestión es un primer paso para comunicar desde el entendimiento, la claridad, la honestidad, la bondad, la empatía y la verdad.

Así el dialogo pacífico propone la apertura, la flexibilidad y la alegría por compartir con otro ser humano, su mundo interno, sus ideologías, su manera de ser y entender el universo y la vida.

8.8. DIALOGO INTERCULTURAL Y LA SABIDURÍA COMPARTIDA

La declaración universal de los Derechos humanos es un tratado que tienen todas las personas por el simple hecho de ser seres humanos y su validez es absoluta, esta declaración a tenido muchos antecedentes a lo largo de la historia en muchas culturas, también denominadas derechos civiles y políticos, para muchas constituciones políticas modernas se encuentran en las garantías individuales.

Esta declaración ha llevado un proceso de aprendizaje “en el nivel planetario, donde diferentes coyunturas mundiales y la emergencia de voces nuevas procedentes de numerosas sociedades diferentes enmendaron y completaron paulatinamente la visión del ideal del ser humano y de las relaciones entre ellos” (Krotz, 2004).

Esta declaración menciona tres líneas, la primera somos siempre seres humanos independientemente el género, la edad, como personas con plenas o con disminuidas facultades físico-psíquicas.

La segunda línea; se desarrolla en la formulación y aprobación del "pacto internacional sobre derechos económicos, sociales y cultura, en donde en su segunda generación exige al Estado trabajar en función de la economía, el aspecto social, y cultural de los ciudadanos a través de una organización social en cuyo marco puedan desarrollarse y ejercerse las libertades individuales.

La tercera línea en consolidación refiere los derechos fundamentales de las minorías étnico-culturales, es decir de las minorías indígenas. Para (Krotz, 2004) plantea el dialogo intercultural como un proceso de aprendizaje planetario como "resultado precisamente de la concurrencia de cada vez más actores en el escenario internacional".

En este diálogo ocurren todas las cosmovisiones, religiones, lenguas y formas de vida generadas por la especie humana, así cada persona contribuye con su valiosa tradición para enriquecer "o que todos y cada uno de los demás pueden aportar desde sus culturas particulares acerca de lo que es el ser humano, su dignidad y su destino" (Krotz, 2004) aunque muchas veces puede resultar complejo.

Por lo que es necesario la participación de cada ciencia para participar en lo que respecta pueda aportar a derechos, paz y bienestar, "que aborda cualquier fenómeno sociocultural justamente como parte no del universo de la especie, sino del multiverso de la evolución humana" (Krotz, 2004).

8.8.1. La libertad, el respeto y el cuidado mutuo

Todo lo que sucede es perfecto, lo cada uno decide en su soberanía expresar, sentir, decidir y elegir lo que es bueno para el camino de alma de cada ser, hay situaciones que tal vez desde la mente no se comprendan pero para el alma siempre será perfecto y todo estará bien en su debido tiempo, y el respeto y la apertura para lo que cada uno decide es una prueba de fe, valentía, confianza de amor y libertad, de tranquilidad.

El mundo necesita la soberanía, el amor, la compasión, el perdón, la fe, la humildad, conectadas a su poder personal, confiar en que el cambio y la decisión nos llevan a un buen lugar, y aunque parezca que todo se mantiene igual en el aprendizaje del alma nunca se está en el mismo lugar dos veces, ni en el mismo punto donde se inició, todo recorrido es valioso, porque la observación permite reconocernos, sabiendo que se pueden tomar decisiones distintas y hay nuevas posibilidades,

La comprensión mutua plantea también ejercicios de observación tanto interna como externa, que permitan ver para sentir, para aceptar, transformar, con el otro para comprender, para acompañar, para crecer, para apreciar, compartir y crecer.

Permite también fluir con la apertura de que las cosas o situaciones no van a hacer como se desean y que cuanto más tratas de mantener el control, más te das cuenta de que esto es imposible.

La comprensión permite reconocerte a ti como ser humano sintiente, vulnerable, fuerte, amoroso, en toda la gama de posibilidades que te toque experimentar y eso da la apertura para comprender que el otro al igual que tú en esencia es lo mismo, que no hay camino ni mejor, ni pero ya que cada ser está buscando sus propias respuestas.

8.8.2. La amistad como base afectiva de comunicación

Cada encuentro y desencuentro es experiencia de vida compartida, es sabiduría, cuando anteponemos la intención pura de la amistad ante todas las conveniencias, beneficios, obstáculos o conflictos de la vida, ante esta naturaleza es imposible que no se logre la alegría de compartir de ser y dejar ser y ante las difíciles circunstancias de la vida, es posible una restauración favorable para las partes, personas y seres humanos que participen en desavenencias.

Todos hemos nacido con la naturaleza que es la mejor maestra de vida a crear vínculos sociales que a todos abraza, la conexión de los unos con los otros ha tomado un diferente significado en la actualidad pues este también cambia y evoluciona, ya no se trata de solamente estar en presencia física pues la conexión va más allá, nos invita a sentir más, ya sea en la cercanía o en la distancia., para desarrollar nuestra capacidad vincular

La amistad, no caduca ni se pierde en el tiempo, tiene presencias y ausencias, puede ser instantánea o darse con el pasar del tiempo, es honrar tu camino y el del otro, es compartir, es experiencia, es aprendizaje conjunto, desear lo bueno, querer que las cosas sucedan y funcionen para todos, es la libertad, es expresar, es ser, es alegrarse las prosperidades del otro, con las de nosotros mismos, la amistad abarca muchas cosas sobre todo el bien, nos hace felices en la prosperidad y más llevadera las adversidades.

Ninguna casa, ciudad, Estado, país, u organización, puede permanecer, si no se entiende lo que es un verdadero amigo, que mira al otro como un espejo de sí mismo con unión, benevolencia y comprende lo que es la concordia, porque en el lugar que se puede conocer cuánto bien encierra una amistad, no hay conflicto, discordia o guerra que la pueda derribar.

Empédocles propone dos principios en la naturaleza la discordia y la amistad y cuenta en sus versos que, "todas cuantas cosas existen y se mueven en la máquina del universo las une y las contrae la amistad, y las disipa y las deshace la discordia" pero la discordia no es más que una mal entendido, falta información, es no comprender el gran tesoro y el valor que esconde la armonía, la paz y la tranquilidad.

8.8.3. Aprender desde el amor

Definitivamente ningún conflicto es igual a otro aunque se distinguen, características, tipos y clases que ayudan a disminuir su escalada, el interactuar con otro ser humano es único.

Por lo que se comprende la libertad de ser, sentir, pensar y decidir de cada uno, sin embargo cada vinculo que formamos en cualquier contexto resulta ser todo un descubrimiento para el aprendizaje del alma.

Se entiende que en los procesos, la comunicación forma un papel fundamental por lo que eso es lo que permitirá comprender la posición del otro, ya que en esa conexión puedes entender, comprender, ser compasivo y bondadoso contigo mismo y con los demás.

Respecto a las interacciones que se pueden dar en una situación de conflicto, el intercambio que se hace de información es sumamente valioso entre ellas por lo que conectar con lo que realmente sienten y necesitan es un proceso de introspección que para muchas personas puede tomar tiempo, sin embargo los procesos de mediación gracias a todas las investigaciones de muchos científicos se contribuyen a seguir generando conocimiento que logren procesos de mayor claridad, bienestar a las partes y a los profesionales, desde una perspectiva humana y científica, que generan un cambio personal, familiar, en la comunidad y el mundo.

Los conflictos en este contexto son una oportunidad de crecimiento, aprendizaje, amor, agradecimiento y sabiduría compartida, porque no solo se sanan las partes, sino también las generaciones que vienen, para lograr mejores entornos personales, más cálidos y abiertos al diálogo por lo que todo es crecimiento para generar paz y bienestar.

Respecto a lo que se pueda decir tanto para las partes como el mediador neutral en una situación de conflicto, lo que propone esta visión es confiar en el proceso de vida, de alma, todo aprendizaje es bueno, muchos años el conflicto tuvo una connotación negativa ya que en ocasiones puede generar caos, sin embargo, con compromiso y fe se pueden generar aprendizajes desde el amor.

Bibliografía

Clement, J. (1982). Student preconceptions in introductory mechanics. *American Journal of Physics.*

Clement, J. (1989). *Learning Via Model Construction and Criticism.* Nueva York: Plenum Press.

López, S. M. (2020). Inteligencia emocional: Avances teóricos y aplicados tras 30 años de recorrido científico. *Know and Share Psychology*, 1-14.

Alvear, D., & Cebolla, A. (2023). *La Ciencia de la Virtud.* Barcelona: Kairós.

Appey Rinpoché, K. (2012). *La Práctica de las Siete Ramas.* Obtenido de La Academia: https://www.academia.edu/61396477/La_Pr%C3%A1ctica_de_las_Siete_Ramas_Khenchen_Appey_Rinpoch%C3%A9

Aragón, M., Bonat, M., Cervera, J., Mateos, J., & Oliva, J. (1997). Las analogías como estrategia didáctica en la enseñanza de la física y de la química. *Enseñanza de las Ciencias Congreso V*, 235-236.

Aristóteles. (2010). *Ética nicomaquea / Política.* México: PORRÚA.

Baruch Bush, R. (2004). One Size Does Not Fit All: A Pluralistic Approach to Mediator Performance Testing and Quality Assurance. *Ohio State Journal on Dispute Resolution.*

Della Noce, D. (1999). Seeing Theory in Practice: An Analysis of Empathy in Mediation. *15 Negotiation Journal.*

Deming, E. (1989). *Calidad, productividad y comeptitividad, la salida de la crisis.* Madrid: Cambridge University Press.

Di Sessa, A. (1982). Unlearning Aristotelian physics: A study of knowledge-based learning. *Cognitive Science.*

Domínguez Sanabria, J. (1985). *Virrtudes del cristiano comprometido.* Ediciones Monte Casino.

Driver, R. (1982). Children's Learning in science. *Educational Analysis.*

Driver, R. (2006). Psicologia cognoscitiva y esquemas coceptuales de los alumnos. *Enseñanza de las ciencias.*

Drucker, P. (1992). *Managing the Non-Profit Organization: Principles and Practices.* Nueva York: HarperBusiness.

Fabela, I. (1940). *Neutralidad, Estudio Histórico, Jurídico y Político, La Sociedad de las Naciones y el Contienete Americano ante la Guerra de 1939-1940.* Ciudad de México: Biblioteca de Estudios Internacionales.

Fabela, I. (1994). *Neutralidad Votos Internacionales.* Toluca: Instituto Mexiquense de Cultura.

Fernández, B. (2007). *La gestión de la nueva comunicación interna. Análisis de la aplicación de las tecnologías de la información en los procesos de comunicación interna de las universidades de la Comunidad Valenciana.* Obtenido de Tesis doctoral. Universidad Jaume I. España.: http://www.tdx.cat/TDX-0615107-120448

Fernández, J., Elortegui, N., Rodríguez, J., & Moreno, T. (2001). *Modelos didácticos y enseñanza de las ciencias.* Tenerife: Centro de la Cultura Popular Canaria.

Folger, J., & Baruch Bush, R. (2001). A View from the Inside, en Designing mediation: approaches to training and practice within a transformative framework. *Developing Transformative Training.*

Folger, J. (2008). Transformative mediation: preserving the unique potential of mediation across dispute settings. *Revista de mediación.*

Gallego Jiménez, G., & Vidal Raméntol, S. (2019). El valor o la virtud en la educación. *Vivat Academia.*

Gregory, R. (1997). Knowledge in perception and illusion. *Department of Psychology, University of Bristol.*

Gutiérrez Pulido, H. (2020). *Calidad y Productividad.* Ciudad de México: Mc Graw.

Hernández Reyes, C. (2020). Aristóteles y las virtudes No-Racionales en la formación humana. *Planeación y Evaluación Educativa,* 20-32.

Isaza Gutiérrez, J., Murgas Serje, K., & Oñate Olivella, M. (2018). Aplicación del modelo transformativo de mediación en la conciliación extrajudicial de Colombia. *Revista de Paz y Conflictos.,* 135-158.

Izquierdo, M. (1999). Aportación de un modelo cognitivo de ciencia a la enseñanza de las ciencias. *Enseñanza de las Ciencias.*

Karplus, R. (1981). Educational aspects of the structure of physics. *American Journal of Physics.*

Katz, D., & Kahm, R. (1993). *Psicología Social de las Organizanizaciones.* Ciudad de México: Nama.

Krotz, E. (2004). Antropología, derechos humanos y diálogo intercultural. *Revista de Ciencias Sociales.*

Maneiro Crespo, E. (2017). Neurociencia y emociones: nuevas posibilidades en el estudio del comportamiento político. *RIPS. Revista de Investigaciones Políticas y Sociológicas,* 169-187.

Martínez Leal, R. J. (Febrero de 1968). La Neutralidad en el Derecho Internacional Moderno. Monterrey, Nuevo León, México.

Maynade, J. (1979). *Versos Áureos de Pitágoras - Los Símbolos y el Hieros Logos.* Ciudad de México: Diana, S. A.

Mayoral, J. (2005). *Figuras Retóricas.* Madrid: Sintesis.

Millán, M. (2012).

Norman, D. (1981). Perspectives on cognitive science. *Lawrence Erlbaum Associates.*

Ogborn, J., & Martins, I. (1996). Metaphorical Understandings and Scientific Ideas. *International Journal of Science Education*, 631-652.

Osborne, R., & Freyberg, P. (1993). *Learning in Science: The Implications of Children´s Science.* Auckland: Heinemann.

Platón. (2010). *Fedón.* Madrid: Gredos, S. A.

Platón. (2013). *La República.* Madrid: Alianza.

Plutchik, R. (2001). The nature of emotions. *American Scientist*, 344-350.

Plutchik, R. (2003). *Emotions and Life: Perspectives from psychology, biology and evolution.* Washington: American Psyhological Association.

Posner, G., Strike, K., Hewson, P., & Gertzog, W. (1982). Accommodation of a Scientific Conception: Toward a Theory of Conceptual Change. *Science Education*, 211-227.

Resnick, L. (1983). Mathematics and science learning: A new conception. *Science.*

Rizo García, M. (2014). De lo interpersonal a lo intersubjetivo. Algunas claves teóricas y conceptuales para definir la comunicación intersubjetiva. *Quórum Académico*, 290-307.

Robbins, S. (2004). *Comportamiento Organizacional.* Ciudad de México: Prentice Hall.

Rodríguez Luño, Á., & Bellocq Montano, A. (2014). *Ética general.* España: Eunsa Ediciones de Universidad de Navarra.

Rodríguez Luño, A. (2001). *Ética General,.* Pamplona: EUNSA.

Sanabria, J. (1984). *Ética.* Ciudad México: Porrúa.

Seligman, M. (2011). *Blossom: the New Positive Psychology and the Pursuit of Happiness.* United States: Reprint.

Seara Vázquez, M. (2019). *Derecho Internacional Público.* Ciudad de México: Porrúa.

Shayer, M., & Adey, P. (1981). *Towards a Science of Science Teaching.* London: Heinemann.

Timm, P. (1986). *Managerial Communication: a finger on the pulse.* Englewood Cliffs: Prentice Hall.

Tomás de Aquino, S. (1993). *SUMA DE TEOLOGÍA.* Madrid: Biblioteca de Autores Cristianos.

Toulmin, S. (1972). Human Understanding Vol. 1 The Collective Use and Evolution of Concept. *Princeton University Press.*

Vidal-Gual, J. (2006). Las virtudes en la medicina clínica. *Archivos en Medicina Familiar.*

Wittrock, M. (1980). Learning and the brain. *The brain and psychology.*